Gerhard Jung · Bettmümpfeli

Gerhard Jung

Bettmümpfeli

Sache zum Lese un
Sache zum Lache

Zeichnungen von Kurt Winkler

Moritz Schauenburg Verlag, Lahr/Schwarzwald

SILBERDISTEL-REIHE

Herausgegeben von Dr. Karl Fr. Müller
Nr. 67/68

6. Auflage

Gesamtherstellung Moritz Schauenburg GmbH & Co. KG, Graphischer Großbetrieb, Lahr/Schwarzwald
ISBN 3-7946-0018-5

Inhaltsübersicht

Statt eines Vorworts

Ein geplagter Regierungspräsident, Mittler zwischen Volk und Regierung, hat ein vielseitiges Repertoire an Reden zu bewältigen; Brücken- und Straßeneinweihungen, Jubiläumsfeierlichkeiten, Sport- und Kulturereignisse zwingen zu einer Rhetorik, die gelegentlich einer Stützung bedarf.
Nun, ich räume ein, daß ich gerne zitiere.
Es ist aufgefallen, daß ich mit einer gewissen Vorliebe Gerhard Jung zitiere.
Damit ist eigentlich schon alles gesagt, was ich hier sagen will: seine alemannische Aussage liegt mir.
Ich fühle mich von Gehalt und Form gleichermaßen angesprochen und ich weiß aus Erfahrung um die Treffsicherheit seiner Sprache.
Ich bin kein Literaturkritiker, wage aber trotzdem die Voraussage, daß die Dichtung Gerhard Jungs in ihrer anspruchsvollen Natürlichkeit und ihrer echten Volkstümlichkeit Bestand behalten wird.
Ich wünsche allen Lesern viel nachdenkliche Kurzweil bei „Bettmümpfeli“!

Regierungspräsident

Bettmümpfeli

„Chumm jetz, chumm ins Haiabettli!“
hät als d Mamme gsait,
„rum s jetz uf, di Spilzügstädtli,
dini Rugeli un Brettli,
öb ders zsämmegheit.
D Schüehli us un d Strümpfeli
un nọ gwäsche, schnell!
Nochher git s e Mümpfeli
un no schlofsch mer, gell!“

s hät mi siter d Welt rundume
uf un abegschmeißt,
bin mit Gschiite un mit Dumme,
bin uf grade un uf chrumme
Weg dur s Lebe g‘reist.
Ha so mänkis Dümpfeli
mir dört usse glängt,
un an s Mamme s Mümpfeli
voller Heimweh denkt.

Mänki Blättli sin scho düslet
vu de Zittebäum,
d Ästli werde leer un s liislet
un e Bizzli Wehmuet chlüslet
mänkmol scho in eim.
s Herz kriegt Riß un Rümpfeli
un tuet schandbar weh,
aber so ne Mümpfeli
git eim niemer meh.

Drum han i des Büechli bunde
un für alli gmacht,
wo vum Lebe sine Wunde
Narbe hän un Plätz un Schrunde,
as e Trost in d Nacht.
Wenn di Cherzestümpfeli
abebrenne mag,
nimm no so ne Mümpfeli,
bschließ demit din Tag.

In dem Bündeli verborge,
will der öbis ge:
Freud un Chraft in neue Morge!
Un di dumme, graue Sorge
dürfe der s nit neh.
Sedo häsch e Trümpfeli,
wo der beidis gunnt:
Freu di an dem Mümpfeli,
un würd wider gsund!

Mümpfeli für de Chopf

„Denke isch Glücksach!"
hät de Fridli gsait,
do isch em e Stuck Schopfdach
uf de Holzöpfel gheit.

Wenn!

We mer öbis sage sott
wo Hand un Fueß hät,
isch mer z dumm.
Debii goht eim e Mänks, weiß Gott,
de Tag dur doch im Schädel um.
Doch bruchsch emol di Mueterwitz,
no hocksch grad do, wie s Halbpfund Schnitz,
un in dim Hirni isch es leer,
wie wenn dört grad d Sahara wär.

Doch nochher
spöter
hinterher,
wenn s Sünd und Schad isch für s Genii,
no fallt eim plötzlich alles i,
was guet gsi wär.
Mer hät s halt schwer.

2022

D Futrologe wüsse s hüt:
s Johr zweitausigzweiezwanzig
siht de Butter nümmi ranzig,
wil s dört gar kei Chueh meh git.

s git kei Wurst meh un kei Brot;
statt em Choche, Brote, Grille
nimmsch am Werchtig blaui Pille;
un am Sunntig sin si rot.

Schaffe tuet kei Mensch dört meh.
Was es z tue git, macht d Maschine.
Si loßt regne, schneie, grüene,
schniidet d Hoor un putzt der d Zäh.

D Mensche werde schön wie nie:
d Nase tuet mer okkuliere,
churzi Beinli prolongiere,
d Ohre stutze oder zieh.

Kein würd meh e Büüchli ha,
X-Bei oder gar e Glatzi,
keini würd meh z breit un z platt si
hinte oder vornedra.

s git für alles Apperat.
Bruuchsch nit denke un nit laufe;
s Glück chasch i me Gückli chaufe
für e Mark am Automat.

Aber würds no besser si?
Würd nit s Lebe sini Bahne
laufe, so wie s andri plane,
mit em Eierchopf-Genii?
Wo de gohsch wirsch motiviert
vu de Zeche bis an d Locke,
aß de jo nit afangsch bocke,
wenn s der emol über wird.

Ob de Mond schiint in de Nacht,
ob s e Gwitter git am Morge,
ob de Freud häsch oder Sorge,
würd im Combi-Utter gmacht.
s bstimmt no alles d Wisseschaft:
d Philo-, d Psycho-, d Metrologe,
d Päda- un di andre Goge,
selli gän dim Sii de Saft.

Jo sogar de liebi Gott
mueß goh d Futrologe froge,
wie des mit dem Ziteboge
„folgerichtig" witergoht.

Uus de Traum vu Frau un Ma!
D Chinder mixt mer in Retorte,
alli Größene un Sorte,
wie mer si grad bruuche cha.

s git en interessanti Zit,
we mer s überdenkt im Stille:
Voll mit Wisseschaft un Pille. –
Aber i leb lieber hüt.
D Pille sin suscht scho bequem,
aber Brotis, Chrutt un Spätzli
die sin besser. Un mi Schätzli
isch wie n i für s alt System.

Weltverbesserig

Wie schlimm isch s doch uf dere Welt
um alli Gschöpf un Gschöpfli bstellt.
s mueß jedis Angst ha, s isch e Gruus:
zum Bispil vor de Chatze d Muus,
un d Chatze wider vor em Hund;
au selle hät kei ruehigi Stund,
vor Ängste, ob er s au im Ma,
in allem richtig mache cha.
De Ma, de hät – mer weiß es gnau –
schlußendlich Moris vor de Frau.
Un s Fraueli, de Glanz im Huus,
die dottrets wider vor de Muus.

So isch us Angst e große Kreis
um alli zoge. Frei isch keis.
Chönnt s nit uf Erde her wie hi,
wenn alli wote, anderst sii?
Frei, ohni Angst vor n ander z ha,
Muus, Chatz un Hund un Frau un Ma.
Im Fride lebe – sell wär gschiit!
Gang sags au de Chatz, öb si s Müüsli siht!

Im Dichterhimmel

Fern hät s mer träumt, i wär im Dichterhimmel,
lig uf em Wölkli, lueg mer d Gegnig a;
rund um mi ume grase schöni Schimmel
un jede hät zwei großi Fägge gha.

Do chömme grad de Schiller un de Göthe
un au de Johann-Peter Hebel mitenand.
Si hocke zue mer ane, un s git jede
vu dene dreie feierlich mir d Hand.

No sait de Göthe Hans: „Jetz isch es pfundig,
du häsch is halt do obe grad no gfehlt,
mer hän di wege dem am letzte Sunndig
als vierte Ma in Dichter-Usschuß gwählt.
Du weisch es jo, i bruuch do nit vil schwätze,
ganz sicher hän der s d Genie hintertrait,
aß mir drei di halt allwil bsunders schätze,
vor allem wege dinre Bscheideheit!"

„Mir meine", sait de Schiller Fritz vu Marbe,
„du wärsch e Dichter, wo eim wohlt un stärkt,
un s hät nit schnell ein Wort wie du un Farbe.
Bloß häns die Sürmel no nit alli gmerkt!"

Do nimmt gar s Hebel-Jakobs Bueb vu Huse
de Lorbeerchranz vum Chopf, chneut vor mi hi,
druckt mir de Chranz in d Hoor un mi an Buse.
Un won i ufwach, bin i no im Büro gsi!

Souvenierli

Souvenierli, Souvenierli,
Lüttli, chaufet Souvenierli!
Schwarzwaldhüsli, Schwarzwaldührli,
Schwarzwaldmaidli, Schwarzwaldstierli,
Bollehüetli, Trachtepüppli,
Musikschächteli mit Krippli,
Häfeli mit schöne Sprüchli,
Lederhösli ohni Grüchli,
Chälberschelle, Geißeglöckli,
Engeli mit Miniröckli,
Senneri mit stramme Wade
druf stoht: Gruß aus Bade-Bade,
Chugele, wo s drin tuet schneie,
schwarzi Hirsch mit goldne Gweihe,
Esel, wo in d Chnü tüen schnackle,
Hünd, wo mit em Füdle wackle,
un e Chrüz mit brune Rehli –
Feriengruß vom Titiseeli –
Spinneredli, Gipsfigürli,
Äschebecher, Tintegschirli,
Lämpli mit un ohni Birli,
Hüsli un e Herz im Türli
Schwarzwaldmobile am Schnürli,
Zäpfe mit so Schwarzwaldbürli,
Großi Tierli, chleini Tierli,
Firlefanz un Fanzefirli
un vu Chunst kei winzig Spürli,
Souvenierli, Souvenierli
Lüttli chaufet, ihr hän d Wahl.
Schöne Grueß vum Wisetal
alles zsämme cha mer ha:
MADE IN GERMANIA

Hüttli chaufet...

Ornithologisch

Uf de Welt gits in de Regel
sonigi un andri Vögel.
Jede Mensch, wo de chennsch,
hät si Vogel. Wenn s verständsch,
brüchtsch di nit verwundere.
Jede hät sin bsundere!
Lueg en nume richtig a,
wie de Vogel, so de Ma!

Eine lärmt vu früehi bis spot,
ganz egal um was es goht,
wie ne so ne freche, maschte
Spatz im fremde Starechaste,
meint, wer lut schreit, sei e Star!
Gel de chennsch si, selli War?

Frech un gfräßig, fuul un fett,
hockt en andere Kadet
in de fremde Nester ume,
wie de Kuckuck. Un die dumme
andre Vögel, du un i,
schobben em no s Fressen i!

Goht s eim dreckig, liebi Lüt,
no sin d Geier gwiß nit wit,
wenn die neume s Elend schmecke
chömme si us allen Ecke,
riiße vum lebendge Liib
Fetzen ab zum Zitvertriib.

So nen Adler, sait mer dir,
sei e königlichis Tier.
Sihsch s uf alte Jägerbilder
un no meh als Wirtshusschilder,

s Wappetier vum Vater Staat.
Doch di Chleine frißt er grad.

Großi tüen sit eh un je
Chleini zwische d Chralle neh.
Bi de Mensche wie de Vögel
isch des schiints so in de Regel.
Bisch e Chleine, sei nit dumm,
mach e Boge, druck di drum!

Wer z wit obenuse goht,
git de Große s gfundi Brot.
Chleine Vogel, fiir di Festli,
still deheim im warme Nestli!
Pfiif uf s Großtue, hundertmol.
No erst isch der s vögeliwohl!

Balina Schnuregiige

Ferie macht e Berliner
z hinterst uf em Hotzewald,
aber s gfallt schiints dem Schlawiner
nit eso, wie s andre gfallt.

„Miset Wetter all di Tache
und ken Kudamm weit und breit –
Jott, und diese Hotzensprache
is ne schwere Halskrankheit.

Wat rangschiern se mang di Bersche
fürn Jesumse hier! Na ja,
jegn de Alpen sinds doch Zwersche –
ham se denn nischt Größeres da?

Blasen latschtst dir an die Füße,
wo nich mal n Karnikel hopst
mang dem schwarzen Waldjemüse.
Na da dank ich sehr für Obst!“

Bruttle, bruttle, nomol bruttle,
des isch alles, was er cha;
so ne gallegrüeni Chuttle
wot de Tod nit gstórbe ha.

*

Langholz fahre tuet de Peter
mit em Auto – prächtig Holz –.
Mänke Stamm hät drißig Meter,
un de Peter isch druf stolz.

Wo n er do vorbeichunnt z fahre,
sait de Grasaff us Berlin,
un er düttet uf de Chare:
„Mensch, wo wolln se damit hin?

Mann, mit diese misen Stangen
machen se hier son Trara?
Da ist nischt mit anzufangen!
Ham se denn nischt Größres da?"

Doch de Peter git em ume:
„Die sin groß gnueg, un nit z dünn.
s git jo Schnuregiige nume
für e Großmuul us Berlin!"

Rang un Stand

De Dekan chunnt go prüefe in d Religion.
„Wer" frogt er, „isch denn de Papst uf sim Thron?"
„De Höchst vu de Kirch!" ruft de Strittmatter-Heiner.
„Fein! Un was isch de Bischof für einer?"
„De Zweithöchst!" sait de Beck-Karli gli.
„Schön!" lobt de Dekan, „un was bi deno i?"
s würd müslistill; un alli luege.
Doch d Welt goht nit us de Fuege,
de Schnurefridli chunnt dehinter:
„Si sin", sait er, „en arme Sünder!"
Do hät de Dekan öbis Bsunderis denkt
un im Fridli nochher e Fufzgerli gschenkt.

De frommi Schuelrot

„Hüt hä mer e Prüefig vum Schuelrot gha!"
verzellt deheim e chline Ma.
„So?" frogt druf d Mame, „wie isch er denn gsi?"
„Hä chlei un dick. Aber ganz fromm debii!
Wenn i öbis gsait ha, no hät er allbot
an Decki gruefe: ‚Ach du lieber Gott!'"

Wahl-Zeit

Nächt hät s emol e Glattiis gha,
wie s eim verbote zwirble cha.
Im Schnurefridli isch s passiert,
s hät en de langweg anegschmiert.
Kum isch er wider dobe gsi,
goht s unterobsi nomol hi.
Debi hät unse bravi Ma
erst siebe Vierteli gsürpflet gha
(des will bim Fridli nit vil heiße,
do brucht s suscht meh zum aneschmeiße).

Zum Glück für ihn, chunnt in de Not
e Helfer, wo si Sach verstoht.
De schleipft de Fridli churzerhand
am Chrage an de Stroßerand
un stellt en dört uf sini Bei.
„Je“, rueft de Fridli, „jere nei,
des isch – bi alle sibe Geister –
des isch jo unse Bürgemeister!
So nett bisch weger sust au selte
zue mir. Wie cha der des vergelte?“

„s brucht kei Vergelte!“ sait de Vogt,
„doch wenn s di wirklich ehrlich plogt,
no chöntsch jo, lueg i wot nit meh,
di Stimm bim Wähle für mi ge!“

„Sell denksch!“ sait unsre schlaui Tropf:
„I bi ufs Füdli gheit, aber nit uf de Chopf!“

Hotzeblitz

De Herr Kulanski isch e Städter
un zwar Versicherigsvertreter,
doch chennt er d Wälderbure echt,
drum goht si Gschäftli grad nit schlecht,
er weiß es, wie mer d Lüt mueß packe,
zum s Geld zum Beutel use zwacke;
ein nimmt er zahm, de ander grob,
un schwätze chan er wie ne Schwob.

Hüt will er unse Fridli nagle
für e Versichrig gege s Hagle,
doch de goht eifach nit druf i.
Kulanski schwätzt sich blöd debii,
er fangt a jomere, a bittle –
de Fridli tuet sin Öpfel schüttle
un wenn er emol e Wörtli sait,
heißt s höchstens: „Nei“, un „s tuet mer leid!“
Zletzt wird s no dem Kulanski z dumm:
„Jetzt sag bloß“, schreit er, „sag worum
tuesch du bi dene chleine Sache
uf s Mol Visimatente mache,
bloß wege drei-vier Mark im Johr?
I mueß scho sage, du häsch Humor;
dört wo n i s letzt Johr do gsi bi
zum Füürversichre, dört häsch gli
un ohni Gschiis mir unterschribe.
Wer hät denn dir de Chürbis gribe?“

De Fridli luegt de zornig Ma
zweimol vu oben abe a,
er schmurglet an de Chlobepfiife
un brummlet: „Lueg, sell muesch begriife,
do isch e gwaltige Unterschid –
blitze lo chan i, aber hagle halt nit!“

De Mächer

An sine Tätigkeite chennsch,
für s allgemeini Wohl, de Mensch.
Ob kike tuesch, ob boxe, ringe,
Trompete blose oder singe,
ob Hase züchtisch oder Rose,
machsch s im Verein – e weng im Große –
no muesch halt dini Opfer bringe.

Fiirobeselig im gmüetliche Stübli
warte uf s Vaterli Mame un Chind.
Schlag Sechsi chunnt er –
doch rueft er vu witem
scho in de Türe: „Gschwind Schätzli gschwind,
mach öbis z esse, mir hän hüt no Sitzig."
Meistens wird s Klima zerst füecht, deno hitzig.
Fraue, die chönne um alles im Lebe
halt nit verstoh, was e Ma mueß erstrebe,
aß er als echte Idealist
wichtiger isch als am Neubau e Grüst,
wil ohni ihn die Sach nit chönnt goh.
Fraue sin Fraue. Si sin halt eso!

Z letzt hockt mer selb acht um de Wirtshustisch
un dischkeriert was jetzt wichtig isch
un sürpflet debii an de Gschirer.
Mer nimmt die Sache ernst un schwer:
„E neui Satzig mueß bal her!"
so meint de Herr Kassierer,
„di jetzig isch en alte Zopf"!
Do chnappen alli mit em Chopf.

De Vorstand trinkt si zweitis Bier;
no sait er: „I bi nit defür!
Suscht müe mer nomol wähle.
Un gits denn ußer unser acht,
ein im Verein, wo öbis macht,
wo sich wie mir tät quäle?
Wer macht deno de Chare flott,
wenn selle nümmi laufe wott
un wenn en mir nit schürke?
Mir schaffen is ball chrumm un chrank
un kriege nit emol e Dank
für alles, was mer wirke.
Nei, steck de Vorschlag schnell in Chropf!"
Do chnappen alli mit em Chopf.

De Notewart meint: „s wäre halt s best,
mir miechte wider emol e Fest,
s tät s Interessi wecke!"
„Sell mein i!" sait de Sachwart gli,
„e Fest, do bin i au debi!
Mir müen is nit verstecke.
Was nutzt is Gschrei un Mordio,
wä mir all nume bscheide do
im Ofewinkel hocke?
Hüt mueß mer d Lüt e Bizzi meh
wie früehier als am Wickel neh
un ab em Scheslo locke.
Vum Bruttle gits kei volle Schopf!"
Un alli chnappe mit em Chopf.

So gohts de Mächer im Verein.
Si hän s so schwer, wie selten ein
un ernte keini Rubel.
Wenn Glück häsch, jo no wirsch am End
mit Achtzgi Ehrepräsident;
wenn Pech häsch, stirbsch als Dubel
un kriegsch e Chranz, du arme Tropf.

So jetze, chnappet mit em Chopf!

D' Red

Unsere Bezirksverein hät hüt si Konferenz.
E halbis Stündli schwätzt scho ein,
I wott miseel, i chönnt s.
„Beruefsethos, sozialer Geist,
und Solidarität.“ –
Verstande het i sicher s meischt,
wenn i bloß ufpaßt hät.

Bim Vorderma im dicke Gnick
isch grad e Mucke ghockt
un hät en mit viil Teufelsgschick
un Frechheit ständig plogt.
Er wedlet all im Chrage no
noch sellem Chaibevih;
Kum hört er uf, witsch, hockt si do
un chrabblet her un hi.

Schad! Lueg, jetzt haut si ab – wie dumm!
Wo isch si ane jetzt?
Bigoscht, 's isch scho e Stündli um
sit dä dört vorne schwätzt.
Was macht er denn au all für Sprüch?
„Funktion un Bundesrot,
Napoleon un Metternich“,
ob des no lang so goht?

Do isch s jo wider, s Mucketier,
lueg, wie s do umesurt:
De witt doch ebe nit zue mir?
Furt mit der, sag i, furt!
Do hockt mer s grad uf d Finger ab.
Häsch so ne Frechheit gseh?
Wart Chaibetierli, wenn di schnapp
no machsch kei Muckser meh!

bim Vordesma ins dicke Gnick

Ganz subtil nümm i d Hand un – wutsch!
Han i di jetzt, du Wisch? –
I ha si nit – bloß s Glas isch futsch
un s Bier lauft übre Tisch.
De Redner luegt mi giftig a –
de hät jo alle Grund,
was bapplet denn de Hampelma
sit anderthalbe Stund?

„Kontaktgespräch, Parteienhaß,
Vernunft un Konsument,
Preis-Lohn-Spirale, Runderlaß“,
nimmt des denn no kei End?

I lueg, was die de Reihe noch
für Gsichter mache tüen,
die Rindskamuffel, wo zletzt doch
de Chaare schürke müen.
De Chef ellai hockt z fride do
un lächlet vor sich hi,
er loßt die Wörter cho un goh
un schloft e weng debii.
„Misere un Sozialprodukt,
Bankrott der ganze Bund!“
So langsam würd i no verruckt:
Zwei un e halbi Stund!

Dört, s Fräulein Sekretärin A.
in Apfelgrün un Rot,
die himmlet gar de Schwätzer a,
als ob s en fresse wott.
So friß en doch, du dummi Gans,
i het di doch versetzt!
Mi Uhr zeigt wider emol Ganz.
Drei Stunde schwätzt er jetzt.

„Montanunion und Konjunktur,
Etat und Parlament.“
Er süfzt in Moll un grollt in Dur
un fuchtlet mit de Händ,
un dunderet mit voller Wucht
mit beide Füst ufs Pult:
„De Egoismus – d Eigesucht,
die sin an allem schuld!
E jede wot bloß vorne dra
im Rampeschimmer stoh,
wot sich in Glanz un Gloria
vu andre fiire lo!
s will jede schwätze – bloß nüt tue! –
Ei Glück, aß mir s nit sin!
Mir sin jo anderst! Mer gen s zue.
Mir sin voll Opfersinn.
Drum würd die Welt so schief un chrank
ellai durch uns no gsund!“

Jetzt hört er uf.
E Gott sei Dank!
Drei un e halbi Stund!
De Beifall ruuscht. Er lacht so nett,
ganz ohni Eitelkeit.
Doch wenn er jetzt nit uffghört het,
no het i öbis gsait!

Mümpfeli für s Herz

Je meh devo gisch,
so meh häsch devo.
Weisch was des isch?
D Freud!
Isch s nit eso?

Transplantation

Was bisch du, Menscheherz, au für e Ding?
Johrhundert dur hän Dichter vu der gsunge,
hän di in Himmel glüpft mit tausig Zunge.
Un jetz uf eimol wigsch so liicht un gring?

Uf eimol bisch bloß Pümpliwerk für s Bluet,
kei Ding zum Träume meh un Versli drechsle.
Mer cha di wie ne platte Reife wechsle,
wenn s neume nümmi funktioniere tuet.

Wie bisch als früehier g'ehrt un g'achtet gsi
as selle Punkt, wo d Liebi wohnt im Mensche.
Hüt nimmt mer Instrumenter, Gummihändsche,
un setzt di eifach i me fremde Körper i.

Dört pümplisch witer, grad als ob nüt wär,
Ersatzteil i me andre Menschewese.
De ändrisch nüt zum Gueten oder Böse,
de Mensch blibt grad de nämlig wie vorher.

Wo cha jetz „Herzlichkeit" un s „treui Herz",
de „herzhaft Bursch" un „s herzig Maidli" bliibe?
Mer traut sich jo des Wörtli nümi schriibe.
Was reime jetz mir Dichter no uf „Schmerz"?

Nit aß er denket, i fänd s schlecht amend.
Wenn s Not wär, gieng i selber unter s Messer.
Bloß mein i halt: Für d Welt wär s no vil besser,
wä mer au d Liebi transplantiere chönnt.

Früehjohrsmüedigkeit

[gähnend vorzutragen]

Jetz Lüttli, saget mer doch bloß,
was isch au nume mit mer los?
s goht mer e Bizeli an s Gmüet,
i bi afange gruusig müed!

Am Morge wenn i ufstoh sott,
gohts eimol hüscht un eimol hott,
i trödlen ume, s isch e Not,
un chumm in s Büro meistens z spot.

Wenn i no uf mim Stüehli hock
im Amt – huah – im dritte Stock,
no han i no kei Strichli gmacht
un mein doch, s sei scho wider Nacht.

I hock am Tisch, i arme Tropf,
– huah – all tiefer chnappt de Chopf
un an de Schribtischchante hau
mer d Nasen endlich grüen und blau.

Chumm i no so am Fümfi heim,
no goht de ersti Blick insgheim
scho noch em Bett. Kum mag i meh
de Frau no s Obeschmützli geh.

Un wenn si frogt: Gosch mit mer us?
No mueß i gähne: Schätzelimus,
enandermol! Hüt bin i z müed. –
s goht mer e Bizeli an s Gmüet.

Do lige mer im Bett mitnand,
uf eimol chunnt e chleini Hand
un striichlet mer so d Hoor entlang.
Huah – s nutzt nüt, i schlof scho lang.

Ihr liebe Lüt, jetz glaub i s bald,
was d Frau als sait: Du wirsch jo alt!
Was nutzt der s, wenn de Früehlig blüeht
un du bisch nume gruusig müed?

Mer hät halt scho si Schwirigkeit
mit der Früehjohrsmüedigkeit,
wo nüt eim wachse will as Fett.
Huah!
I glaub, i gang ins Bett.

Am Himmelstor

Nächt han i träumt, i wär in Himmel cho,
un dört am schmale Igangspförtli
säß richtig de Sankt Peter do
mit Heil'geschii un Geißebärtli.

De goldig Schlüssel hät er in de Hand,
grad wie in minre Chinderbible;
er lehnt de Chopf e weng an d Wand
un schloft. Wer chönnt em s wohl verüble?

I hock mi uf e Wölkli. s goht e Rung,
no macht er d Augen uf, di helle:
„Herrje, do isch de Gerhard Jung!"
so rüeft er lut un zieht scho an de Schelle.

Un s Tor springt uf, e heitri Wuslischar
vu luter Engel fliegt un purzlet use;
um s Umeluege fangt die lustig War
mit mir a tanze un a Umeschmuse.

Si singe mer e Lumpelied ins Ohr
un fange mi a stupfe un a chützle,
si struble mer sogar no in de Hoor
un jedis wot e Bizzli mit mer schmützle.

De Petrus lacht un klatscht in d Händ dezue,
no rueft er aber: „Schluß jetzt mit Sperenze!
Lön jetz dem arme Ma si Rueh!
Mer wön em de Gottwilche-Wii kredenze!"

E schöne Engel bringt e Humpeglas;
i setz es a un trink. Ah! Tuet des wohle!
„Was", sag i zum Sankt Peter, „Was,
ihr trinket Ötliger? Un gar no Hohle?"

De Petrus nickt, de schöni Engel lacht
un git mer grad e Schmutz. O Welt, wo bin i?
I lig im Bett un bi verwacht
un d Frau stoht do un sait: „s isch Nüni!"

Im Märze

De Früehlig chunnt! Mer merkt s alsgmach,
er loßt sich nümmi hebe.
Mer würd all Morge früehier wach
un d Spatze mache scho e Chrach
als giengs um Liib un Lebe.

De jungi Saft, de druckt und sprengt
sogar di alte Hürstli,
wo aneluegsch hät s Chnöpfli ghänkt
un früschi geli Würstli.

Mi Nochbere chlopft Teppig us,
do wirble Staub un Flöckli;
de Ma stricht d Läde früsch am Hus
un s Fräulein Tochter schwänzlet us
im freche Miniröckli.

Wie eim des Lüftli Glüste git!
Mer chönnt grad Versli drechsle
un Liedli pfiife – Herz was wit?
I glaub, i glaub, s würd langsam Zit
zum d Winterreife wechsle.

Unsri Fraue

Unsri Fraue sin as Blüemli
uns ins Lebe gstreut.
Un si blüehie
un si trüehie
nüt as luter Freud.
Machen is di grauste Stunde
wider hell un bunt.
Mache weich di härtste Chunde
wenn de Früehlig chunnt.

D Fraue tüen eim nie verdieße,
schaffe nie kei Wuet –
Bis si häsch!
Wer nascht mueß büeße,
s isch en alte Huet.

s isch nümmi wie amig

De Adam hät zum Eva gsait:
„So wie mir lebe, wär s nit leid.
Mer chönnt fast sage, s gieng is guet:
Kei Nochber, wo n is ärgere tuet,
kei Stüre zahle, allewil satt,
all Tag e neuis Figeblatt
un s drum un dra, wo s eim versüeßt –
we mer doch bloß nit schaffe müeßt.
Sell isch es jo! Wenn sell nit wär,
wär s Lebe nume halb so schwer.
Si Brot mit Schweiß un Tränen esse,
isch nit so schlimm. Mer chönnt s vergesse,
chäm nume nit de Chrampf dezue,
aß für de Schweiß muesch öbis tue.
Drum chlag i halt mi alti Wiis:
s isch besser gsi im Paradiis
vor unsre biblische Verdammig:
s isch eifach nümmi so wie amig."

E paar Professer tribes bunt,
wön wüsse, wo de Mensch herchunnt.
Di einde sage – gotterschaffe –
die andere, mer seie Affe;
un no ne andre sait – guet Nacht –
us Lehm un Dreck sei d Menschheit gmacht.
s chunnt eim als au, sel isch gwiß wohr,
de Mensch so zimlig dreckig vor,
un s dunkt eim, s chönnt im Mensch nüt schade,
chönnt er emol go Dreck ablade.
Doch andrersits schiint die Erschaffig
nit selte ehnder wider affig,
wil s Menschli nume grad e Zahl isch

sisch nümmi wie amig

un tuet doch affetheatralisch
si Zit vertue mit große Worte;
meint: Alles isch all schlechter worde,
d Welt isch hüt nümmi gsund un heil,
nei ganz un gar im Gegeteil.
Ob dreckgmacht oder Affabstammig,
s isch eifach nümmi so wie amig.

Sell isch e Trost, gel, we mer denkt:
D Erfahrig würd halt niemrem gschenkt.
Un wer für unfehlbar sich halti
lehrt schnell: Us Junge werde Alti,
un dene vu de nöchste Rasse
wird ihri Zit nit besser passe
als unsri uns, wo mir verschenke.
I mein, s wär wert, dra ume z denke:
Isch s au nit ebe bsunders chöstlich,
so isch s doch menschlich – un drum tröstlich:
Mer cha sich nit drum umedrucke,
e jedi Zit hät ihri Mucke;
mer brucht deswege, liebe Ma,
nit gli noch alle Mucke schla.
Pack lieber e weng d Welt am Schopf
un denk, si sei e Gugelopf
un chnuble der d Rosinli use,
bevor di losch vum Teufel luse
un loslegsch in de Wuetentflammig:
s isch eifach nümmi so wie amig.
Nei, denket lieber, liebi Lüt:
„s isch amig nit so gsi wie hüt."

Sündefall

„Fridli!" sait de Vikar Boos in de Religion:
„Häsch s letztmol recht ufpaßt?
No sag mer denn, Sohn:
Was hät de Adam im Paradiis wohl verbroche?"

„Vum Öpfel gno, hät er!" chunnt d Antwort wie gstoche.
„Schön! Un was hät de lieb Gott deno gmacht?
Er hät doch sicher nit dodrüber glacht?"

„Nei, nei, de Adam hät schwer chönne büeße,
er hät halt d Eva hürote müeße!"

Muttertags-Gschenk

Zu de Mame chunnt de Fridli go z laufe:
„Mame, los, i wot der so gern ebis chaufe
zum Muttertag. Meinsch, aß mi Geld dezue längt;
i ha an e neue Frisierspiegel denkt.
Vier Mark han i im Kässli un fufzig Pfennig.
Meinsch des isch nit e Bizeli z wenig?“

„Ja, Büebli, ja nei, des isch lieb vu dir!“
rueft d Mame verwundret, un s chömme re schier
no Träne in d Auge, so hät si e Freud:
„Nei, so öbis liebs, aß di s nume nit reut,
wo suscht uf dim Geldsäckli hocksch, wie ne Drache?
Di ganz Geld wit neh un mir e Freud demit mache,
e Handspiegel chaufe, won i doch schon ein ha?“

Sait chleilut de Fridli: „Bloß gha, Mama, gha!“

Natürlich

„Pape, gisch mer nit e Mark?“
hät fern de Fridli gfrogt.
„So? Un für was? I find des stark,
wie di des Geldha plogt!

Mer mueß au spare, weleweg,
suscht gohts bal s Gäßli ab.
Meinsch mir schneit s Pulver, alli Täg?
Hüt git s nüt, hau mer ab!“

„Natürlich!“ rueft de Chräbbima,
„so hän s ihr große Lüt,
Chinder wön er allbot ha,
aber zahle wön er nüt!“

De Klapperstorch

s zehjährig Chätterli, die goht hüt spaziere,
s chlei Brüederli tuet si s erstimol umeführe
in ere butznagelneue Buscheli – Scheese;
un e Chrattel hät si debii, un e Wese!

s Beck s Liseli chunnt mit s Ochsewirts Line
un beidi luege in die Scheese do iine:
„Nei, so e nett Bürschli!“ rueft d Line, „do möcht i,
aß uns de Storch au bal so eins brächti!“

„Euch?“ frogt do s Chätter un fangt gli a lache,
„Euch, wo schints d Locke mit de Biißzange mache?
De wirsch doch nit meine, bi euch chönnt s au staube,
wenn ihr deheim no an de Klapperstorch glaube!“

des cha jo nüt werde,
enn ihr dehaim no an de Klapperstorch glaube..

Junge Dame sucht Bekanntschaft

Sibzeh Johr isch s Rosemeili,
hochmodern un gar nit fad,
drum tuet si in Zitig neuli
hälige en Inserat:

Junge Dame sucht Bekanntschaft
zum Vergnügen frei und froh!
Schreiben Sie an „Blatt der Landschaft“
unter Chiffre zwo zwo zwo!

Zwei Tag spöter – s isch e Fritig –
kriegt de frechi jungi Frack
scho als Antwort vu de Zitig
d Post – e ganze dicke Sack.

„Mame!“ rueft si, „lueg doch nume“ –
un si lacht sich schiergar schief –
„lueg die Mannslüt a, die dumme,
un de großi Hufe Brief!

Los, un was die Kerli schribe:
Süßes Kindchen, Frühlingstraum!
un wie alli übertriibe:
Bin ein Mann, wie so ein Baum!

Oder de do: Häuslich, fleißig,
eleganter Millionär,
gut geschieden – Ende dreißig –
Meinsch nit daß des ebis wär?

Dichter häts sogar no drunter,
los bloß: ‚Holder Schmetterling,
färbe meine Wiese bunter,
wo ich einsam schluchzend ging!‘

Nei, was sin doch des für Sache!
Mänke hät no s Bild debi.
Lueg bloß dedo! s isch zum Lache,
s chönnt min Urgroßvatter si.

s gäb miseel e ganzi Mappe,
wenn bloß s glättsti usepicksch.
Lueg un do: Sogar de Pape
hät no gschribe. Gell do spicksch!“

Zo-o-logisch

„Goldchäferli, Herzvögeli,
Heugümperli, du chleis,
Mi Schätzeli, mi Spätzeli,
s schönst Müsli, won i weiß!"

Isch recht verliebt e junge Ma,
müen tausig Tierli her,
aß er sim Maidli sage cha,
was s alles für en wär.

„Du Wuseli, Herzbuseli,
mi Gemsli un mi Reh,
mi Schwälbli un mi Ämseli"
un hundert Tierli meh.

„Mi Wibli du, mi Tübli du,
chumm her du liebe Fisch,
mi Bettlifloh!" So klingt s deno
wenn s frisch ghüroten isch.

Doch mit de Johre, wie mer weiß,
do wachse d Tierli au.
„Du Gans, du Henne un du Geiß",
so heißt uf eimol d Frau.

Un hörsch deno so mit de Zit:
„Kamel" un „dummi Chue",
chasch wette druf: s isch nümmi wit
de Silberhochzig zue.

s Dokterli

Wo s Chätterli Mägdli isch, z Lörrech us,
do hät s mit de Herrschafte zimli Verdruß.
Die Lüt sin suscht neumedure scho recht,
wenn s nume de Giz nit fast uffresse möcht.
Z viil Anke stricht s Chätterli hüt uf si Brot,
morn brucht s ene z lang, wenn s go ichaufe goht.
Am Zahltag gits mänkmol so wenig wie nüt –
churzum, s is e Chrüz mit so gizige Lüt.

A me schöne Tag, do lütets bim Dokterli a,
bim billigste, wo mer no finde cha:
„Herr Doktor, chömme si gschwind no hüt,
unsi Magd lit im Bett un verrüehrt sich nit,
mer wüsse nit, was mer no mache chönnt,
s isch hoffentlich nit e Starrchrampf am End."

s jung Dokterli chunnt un luegt, un frogt:
„Was gits denn, was unser Jümpferli plogt?
Tuets neume weh? Stimmt öbis nit?"
„Nei!" schnipplet s Chätter, „mir fehlt nüt,
bloß han i sit zwei Wuche scho
kei Rote Zahltag übercho.
Un wenn i kei Lohn krieg, wie s d Richtigkeit hät,
no schaff i au nümmi, no bliib i im Bett!"

„E prima Idee!" s jung Dokterli strahlt,
„gang ruck e weng dure,
mi letzti Rechnig isch au no nit zahlt!"

Mini – Süfzger

De Fridli stoht am Chroneplatz.
Er lehnt sich uf si Stöckli
un luegt e Bizeli zum Gnatz,
wie s do flaniert
un umeschwirt
im Mini-Miniröckli.

„Oh Chaibewelt“, so sait er zlezt,
„de bisch mer us de Fuege.
Was han i amig alles gschwätzt,
grad bloß, aß i
bim Chätterli
ha dürfe d Chnü aluege!

Vergange bin i fast vor Glust –
so Chnüli chönne heize –
Hüt sihsch es z Hundert, umesuscht,
un glaubsch es nit,
je meh s es git,
so weniger tuet s reize.

Hüt lön mi seli Maidlichnü
allmählich immer chälter.
Bim Chätterli isch s anderst gsi!
Schockschwerenot,
wie s halt so goht,
mer wird au langsam älter.“

Oh Chaibewelt…

Ersatz

Zum Schnurechätterli chunnt e Ma:
„Entschuldige si vilmol, aber i ha
do vorne am Ecke dummerwiis mit mim Chaare
ihre Gückel überfahre.
s tuet mer wirklich leid, un i möcht ene jetze
des schöni Tierli halt gern ersetze!"

S Chätter luegt sich de Heumichel a:
„Min Gückel wön si ersetze, Ma?
Mir cha s jo egal si, aber sell sag ene gli:
Mini Hüehner werde mit ihne nit zfride si!"

Mümpfeli für de Mage

Wer guet essen un trinke cha,
cha Not *un* Chummer *mit Astand*
entbehre.

Z Vierineh

Zue de beste Chünst im Lebe,
zel i s richtig z Vierineh;
s cha de Geist eim ufehebe
un im Corpus s Nötigst ge,
wo n er brucht zum existiere
un e würdig Lebe führe.

Lit e guet durchräuchte Rieme
suber gstriemte Schinkespeck
vor em, no verzwiiflet nieme
an sim Lebe un sim Zweck.
De vergissisch alli Hasser
scho bim erste Chriesiwasser.

Wenns mit gsunde Zäh chasch biße,
s Burebrot, nit gar zue frisch,
aber chnusprig un mit Nüsse
un e Neue uf em Tisch,
sell isch au nit schlecht. Die Gabe
rutsche bis in d Seele n abe.

Z Vierineh, sell mueß mer chönne!
s isch e Stückli Lebenschunst.
Selber neh – un andre gönne,
mit Verstand un mit Vergunst.
Was i mein, chasch bloß vermuete.
Iß, no merksch es au. En Guete!

die Gabe nütsche bis ind Seele n abe...

Noch de Biicht

Gottlobedank isch die Biichtstund vorbei!
Zweiehalb Stund in dem Holzchefig hocke
isch amig e ohmächtigi Schinderei.
Un sich dezue no die horige Brocke
vu dene Vögel als alose z müeße,
sell isch miseel au nit grad einerlei.

De Pfarrer mueß selber am meiste büeße,
für ihn isch si die allerschlimmsti Schur,
all Wuche die Sünde – Müll – Abfuhr.
De Pfarrer Stern goht in sin Garte,
wo d Bluemen alli uf en warte,
des isch si stilli Lideschaft
un git em allmol wider Chraft.

Wie d Rosen au disjohr so prächtig stöhn!
Si blüehien im ganze Dorf nit so schön,
d Lupine un d Malven un d Lilien au,
de Rittersporn däne, de dunkelblau,
un drunter d Steinägeli. s isch scho ne Pracht,
kei wunder, aß im Pfarrer halt s Herz drab lacht.

„Wie stohts mit de Chriesi? Riife si recht?"
denkt jetzt de Herr Pfarrer. Doch schimpft er nit schlecht.
Er siht jo hoch obe zwüsche de Äst
zwei Buebebei bample. Mei, des git e Fest.
„Chumm abe do, Bürschli! Chumm abe, ganz schnell,
sust schick i di agspitzt per Luftpost in d Höll!
E so ne Frechheit, e bodelosi,
un e Schand dezue, e himmelerzgroßi!"

Zletzt stoht des Sünderli do un schluckt.
„De Schnurefridli! Hä i wird verruckt!
s isch no kei Halbstund her, wie de wohl weisch,
aß du dört inne im Biichtstuehl chneusch,
un jetz mueß i di do uf dem Chriesbaum verwütsche?
Soll i jetz hüle, oder soll i di prütsche,
aß nümmi gumpe un chlettere chasch?
Des isch mer bigoppel e rechti Bagasch,
z'erst biichte un nochher goh Chriesi goh stehle!
Do wirds emol usseh mit em Heil vu de Seele!"

Im Fridli stohts Wasser scho lang in de Auge:
„Herr Pfarrer, i ha nume ei Hämpfeli gno!
Un wege de Biicht, si dürfe mer s glaube,
bloß wege de Biicht bin i dodezue cho.
Vorhin nämlig, bi dere Biichterei
han i in de Ufregig emol *drei* gsait statt *zwei*.
Dreimol het i gstohle, han i gsait,
debii sins bloß zweimol gsi, sell nim i uf Eid.
Deswege bin i halt nonemol an d Chriesi dra,
nume, aß i bim Biichte nit gschwindlet ha."

„O Fridli!" lacht de Pfarrer un schüttlet de Chopf,
„des siht dir wider ähnlich, du schlitzöhrige Tropf.
Hau ab un loß di nüm blicke, du Molch.
Us dir wird emol e Rechtsanwalt – oder e Strolch!"

s besti Rippli

De Fridli chunnt in d Chuchi zum Chätter,
e Gsicht wie sibe Tag Regewetter;
er chnuferet ume, er bruttlet un mult,
as wär em s ganz Gerstli uf em Halme verfult.
„Was isch los?“ frogt s Chätter, „häsch gester zvil gsoffe
oder was isch der für e Lus über d Lebere gloffe?“

„Dumm schwätze isch alles, was de chasch mache!“
sait de Fridli. „Mir isches gar nit um s Lache.
Träumt han i, i wär bim Chronewirt.
Wie ne Rolli isch de um mi umeflaniert
un uf eimol do sait er – hä s putzt mi fast:
‚Fridli‘, sait er, ‚du bisch jo min bständigste Gast
sit Johre un Tag. Was i sage ha wölle:
Du chasch hüt bi mir öbis z fuetere bstelle;
ganz glich, was es isch, du muesch mer des ha.
I mein i sei der des schuldig, Ma.‘

s Wasser lauft mer in de Mulecke zsämme:
‚E Rippli mit Suurchrutt!‘ sag i ohni vil schämme.

De Hermann sait: ‚Des heiß i bscheide bstellt,
paß uf, du kriegsch s besti Rippli vu de ganze Welt,
ganz zart mueß es si un butterweich,
so ißt s nit emol en arabische Scheich,
sel chasch mer scho glaube.
Wotsch s warm oder chalt?‘
‚Warm!‘ sag i.
‚No kriegsch s aber nit eso bald.‘
‚s macht nüt, i cha warte, um so länger isch d Freud!‘
Han i zruckgeh un ha mer e Sargnagel draiht.

So wart i un wundere mi ab dene Sprüchli,
un in d Nase stigt mer e Grüchli – e Grüchli!
Des macht mi ganz tubetänzig uf s Mol.
I rutsch hi un her uf mim Kamisol.
Do stoß i an s Wiglas. Un abe isch s gchracht.
De Wecker hät gchläpperet,
un i bi verwacht.

Do soll eim de Zornhafe nit überechoche?
Kei Surchrutt, kei Rippli, nit emol e magere Chnoche!
Kei Senf un kei Meerrettich – nüt han i gha.
Un i Esel bi selber schuld gsi dört dra.
I bi halt s größt Rindvih uf dere Welt:
hät mer e chaltis Rippli bstellt,
no hät is lang dunte gha, guet oder fett,
bevor de blöd Wecker gchläpperet hät!“

„Je Fridli!“ sait s Chätterli, „du arme Ma,
do het i jo au kei Vergnüege dra gha.
So öbis träumt eim jo nit allirit.
Weisch was? I choch Dir e Rippli hüt,
e extra feinis, mit Senf un ganz warm!“

Do nimmt de Fridli si Chätter in Arm
un s Gwülch uf em Gsicht isch verschwunden im Nu:
„Weisch, s allerbescht Rippli, sell bisch halt doch Du!“

De Grund

„Du Fridli“, hät de Meister gsait,
„Di Arbet wär jo gar nit leid,
wenn nume au nit tätsch vergesse
so schnell debi z si, wie bim Esse.
Dört bisch jo flinker as e Reh!“
De Fridli hät em usegeh:
„I will der sage, wo des dra lit:
Zum Schaffe han i e ganze Tag Zit,
zum Esse aber bloß e halbi Stund;
un drum pressierts,
des isch de Grund!“

Guete Rot

Im Dorf ganz hinte uf em Wald,
do kriegt de Herr Pfarrer – er isch scho alt –
als Hilf e Vikärli, ganz frisch us de Stadt.
Des findet des Dörflerlebe ganz glatt.
Un wenn s halt emol öbis nit richtig verstoht,
frogts eifach de alti Pfarrer um Rot.

Zum Bispihl halte si Seelewösch-Tag
am Samstig z Obe im Sündeverschlag.
Uf eimol rennt unser Vikärli schnell
zum Pfarrer dure: „Do isch so ne Gsell,
wo unter andrem biichtet hät,
er heb hüt z Nacht scho gwilderet,
soll i en ghörig abebutze?“
„Wie de meinsch“, sait de Pfarrer, „vil wirds nit nutze.
Aber sag em, dem duribene Chund,
mir zahle nit meh wie ne Mark-fufzig für s Pfund!“

Vitamine

„Hörn se mal, Herr Wirt!“ rueft e Gast rabiat,
„Hier krappelt tatsächlich noch was im Salat!
Das ist doch unerhört, sagn se mal,
ist das hier so üblich im Wiesental?“
„Hä was“, sait de Chranzwirt, „worum denn des Gschrei?
Des Tierli, des macht nüt, des isch jo so chlei.
Si sin do de ersti, wo sich dra stört,
si hän halt no nüt vu Vitamine ghört!“

Kei Wunder

Zwei Wälder stöhn z Friburg an de Kaiserstroß,
sait eine zum andre: „Jetzt sag mer doch bloß,
die Friburger Dame, die schmecke so guet?“

„Gang zue“, sait de ander, „un läng der an Huet.
Des isch au kei Wunder. Überleg der doch, Heiner,
die esse au besser als Unsereiner.“

D Anne

D Anne vu s Metzgers isch nümmi ganz räs,
si wird scho zum viertemol sibenezwanzig
un fangt au a trüehie, wie Stroßburger Chäs;
Fett hät si zwar gnueg, doch scho ne weng ranzig.

Bloß s Muulwerk, sell lauft ere schandmäßig guet;
wenn si verzellt, chönntsch wunderwas meine,
wie s Mannevolch sich um si abriße tuet –
aber e Ma, e Ma – sell hät si halt keine.

D Tante vum Todtmis chunnt z Bsuech uf e Stupf
un sait zu dem Maidli: „Hä jere, hä jere,
gell s git eim halt scho in de Seel in e Schupf,
wenn eim die chaibe Mannslüt nit gehre!"
„Sell isch s wenigst, Tante, was mi emol plogt!"
müpft ganz pikiert des strohdummi Lueder:
„Erst gestern hä mi zwei wegem Hürote gfrogt!"
„Was du nit saisch? Wer denn?"
„Hä de Vater un d Mueter!"

Wo chäme mer ane?

Wo chäme mer ane,
wenn s Lache nit wär?
Wie öd wär des Lebe,
wie läpperig, leer,
wie truurig un schuurig,
wie finster un naß.
E Welt ohni Lache,
miecht niemerem Spaß.

Soll bloß eine sage,
Verstand ha sei s Best.
Herz, Augen un Mage
hän au ihre Fest.
De Speck cha bloß gnieße,
wer d Säuställ nit siht.
Lieber lustig un dumm si
als truurig un gschiit.

Verteidigung

Wievil Unrecht, denk i chürzli,
liidet doch e harmlos Fürzli.
Was eim herrlich s Buchweh luckt,
wird verdruckt un unterdruckt.

Loßt di Tochter oder Söhnli
ganz verstohle so ne Tönli,
Jesis, mache do die Lüt:
„Aber nei, des tuet mer nit!“

Do debii müen doch di Große
au emol in d Hose blose,
die verfemte hintre Windli
gits nit nume bi de Chindli.

Kaiser, König oder Bure,
do chunnt kein dra nebedure;
un sogar de Papst mueß jo
als emol si Lüftli lo.

Soll mer s wege dem verschimpfe,
vornehm tue un d Nase rümpfe?
Sin doch froh, wenn bi dem Grenn
die kei Furz im Hirni hän!

Lön si ihre Windli mache!
Besser isch es: Drüber lache,
anegoh un voller Freud
lut un dütlich „Gsundheit“ gsait!

Mümpfeli für d Lebere

Essen un Trinke
halte Liib un Seele zsämme,
we mer e witgnuege Hosebund hät.

Trinkspruch

Stündli, wo s eim Frohsinn schneit,
sin wie Liecht im Hochwaldschatte
oder Tau uf Morgematte
uns in s Leben iine gstreut
us em große Herrgottschratte.

Chömme zmol mit liise Schritt,
Glück im Chorb un helle Frohsinn.
Heb si! Leb si, wenn si do sin!
Binde, Freundli, chasch si nit,
si verfliege wie si cho sin.

Heb si! Leb si! S isch ich gunnt.
Heiter wö mer si im Dunkle,
aß mer s Schönsti nit vergunkle.
Prosit! Uf e gueti Stund!
Lön de Wii im Römer funkle!

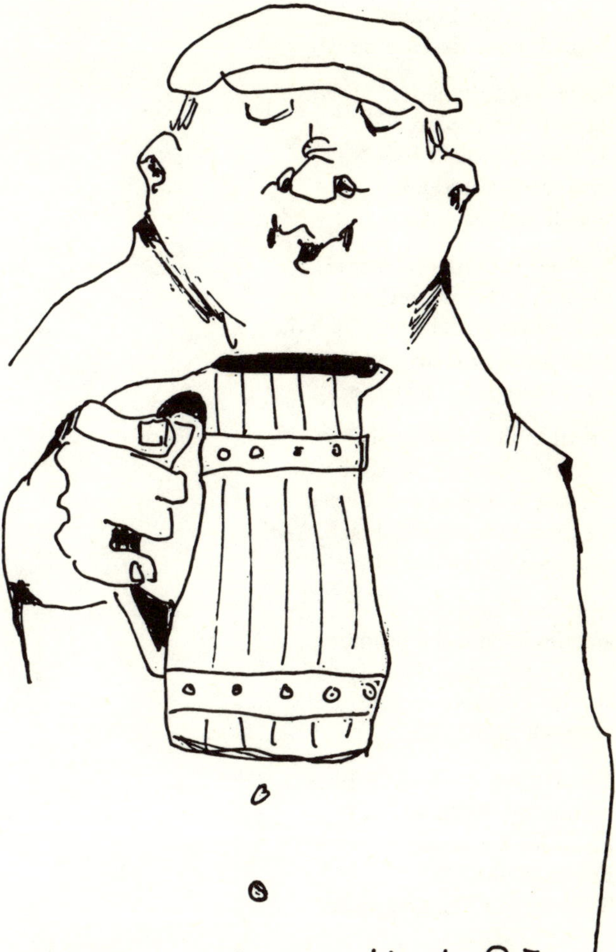

Z-erst emol so recht de Gü...

Humpered

Loset her, ihr Lumpe!
I sprich en a, de Humpe:

Suffe – sell cha jede,
do isch nüt vonöte.
Mänke schüttet s edel Naß
in si leeris Gurkefaß,
wie di alte Schwede.

Soll der s Trinke schmecke,
muesch di Nase strecke;
d Auge zuegmacht gnießisch du
zerst emol so recht de Guu
un no fangsch a schlecke.

Subtil bi dem Gschäftli
sürpflisch an dem Säftli.
Un wie wotsch di Maidli neh
un em zart e Schmützli geh,
spürsch e fürig Chräftli.

Mit em Zungespitzli
gnießisch s no, sell Schmützli,
losch s im Mul e Wili no
wie ne Zückerli vergoh,
wartisch no ne Bizli.

Un no gisch der zmol e Ruck,
nimmsch e Schluck
un spürsch e Stuck
Leben in di fließe:
So muesch s Trinke gnieße!

Wer e Wii so trinke cha,
unterscheidet sich als Ma
echt vum andre Huffe.
Maidli, merket ich des gnau:
Wie zum Wii, so zue de Frau!
Sürpfle muesch, nit suffe!
Prosit!

Suuri Sach

De Fridli hockt im Löbe un macht e Gsicht wi sibe Tag Regewetter.

Chunnt de Bäni ine un sait: „Was machsch für e Defizitlätsch? Isch der en Elefant über d Lebere grennt oder e Lus uf de Zeche trampt?“
„Verleidet isch mer s, verleidet, aß es nume grad weisch!“ bruttlet de Fridli.
„Verleidet? Was isch der verleidet?“
„Hä, aß i allewil do im Wirtshuus umehocke mueß!“
„So? Jetz uf eimol? No gang doch heim, du Sparifanzeli!“ lacht de Bäni.
„Heimgoh? I glaub du spinnsch. Usgrechnet jetz soll i heimgoh, wo s Chätter eso suur isch?“
„Suur isch si? So? Worum isch si denn suur?“
„So saublöd chasch au nume du froge.
Worum wird si wider suur si?
Wil i nit heimchumm, natürlig!“

verleidet isch mer's, verleidet ...

Chilbi

De Summer isch s Tal hintere,
de Spötlig hintedri;
s goht nümmi lang, wird s wintere –
s isch alljohr no so gsi.

De merksch, aß alltag finstrer isch,
wenn us de Fedre muesch,
un aß di nümmi gern so frisch
am Hahne wäsche tuesch.

Vorusse spürsch es bsunders streng,
aß bal de Mantel bruchsch,
un s räuchelet au scho ne weng,
wenn so in Morge chuchsch.

s Johr, schint s, will abedüsele,
s hät wäger gschunde gnueg,
si Brunhor fangt a wiißele,
un leerzäpft isch de Chrueg.

Was machts is us? Was goht s is a?
s isch jedis Johr eso:

Gott weiß was hät s versproche gha
un wenig übrig glo.
Mer lüpfe s Glas, s isch Chilbi hüt!
Un sage z leid: Zum Wohl!
s isch bi de Johr wie bi de Lüt,
s Best chunnt erst – s nöchsti Mol.

s Loch

Am Chilbimärkt git s allerhand
zum luege un zum chaufe.
Au s Schnurebürlis tüen mitnand
d Ständ uf un abelaufe.

Si luege d Vorhäng, d Chleider, d Schueh
un andri nobli Sache
un losen au im „Jakob" zue,
wo sini Sprüch tuet mache:

„Schuehbändel! Wichsi! Hemberchnöpf!
Chumm, Fritz, chauf Hoseträger!
Stöhn nit so umenand, ihr Tröpf,
un chaufet! Sin ihr Neger?

Du Alte, chumm, do chauf dim Schatz
E Herz – s isch gege d Händel –
Lebchueche gän e süeße Schmatz!
Fufzg Pfennig, samt em Bändel!"

Un s Chätter sait – bloß grad zum Scherz –:
„Hörsch nit, was de tuet sage?
E so mit Sprüchli, so ne Herz,
des chönnt i grad vertrage!"

„Hä jo Schatz!" Un de Fridli suecht
un suecht in alle Täsche,
„hä jetz, do isch e Loch, verfluecht,
häsch s denn nit gmerkt bim Wäsche?"

Un s Chätter lacht: „O Lugefisch,
suech bloß kei Loch im Tschobe.
Sell Loch, wo s Geld dedurgheit isch,
häsch bi de Nasen obe!"

De alti Schwander

De alti Schwander isch zum Dokter gange.
s häts nümi anderst tue afange;
so goht mit em Stegelaufe schlecht
un d Schnufi wil au nümi recht,
de Mage macht em no Maläste,
churz: s goht im Schwander nit zum Beste.

„So, so!" sait de Dokter, „so, so, jetz ufs Mol
gohts los mit em Schwander? De Alkohol!
E Lebe lang würd nüt as gsoffe
un Tag für Tag in d Beizi gloffe,
statt aß mer meh zum Dokter goht.
I cha der nit helfe, s git numme ei Rot:
Loß s Suffe blibe, s isch höchsti Zit!"

„Nai", sait de alt Schwander, „de Rot taugt nüt!
Sibzg Johr lang han i mi Schoppe trunke,
jetz soll i go s Weckli in d Milchsuppe tunke
un nümmi mi Freud a me Vierteli ha,
am einzige, won i no gnieße cha?
So gmüetlich binander bim Schoppe voll Wii
un d Sorge un d Breste vergesse debii
un schwätze mit andre, wo achtisch un chennsch,
weisch Dokter, sell macht eim erst recht zu me Mensch.

Wer s Lebe nit gnießt, hät s Lebe nit glebt,
so isch halt vu jeher no all mi Rezept.
Weisch du was, Dokter? I bhalt mini Breste
un gang ein go lüpfe, sell dunkt mi am beste!"

„Wie de meinsch", sait de Dokter, „jenussedenn
Schwander,
geh mer mitnander!"

weisch du was Doktor? I bhalt mini Breste...

Mümpfeli für s dicki Fell

Nume nit bruttle!
Nume kei Jäst!
Lache putzt d Chuttle.
Lachen isch s Best!

Rezept

Häsch e Brestli, gang zum Dokter.
Sag: I ha verschidni Schmerzli.
s drüllt im Buuch un s zieht am Herzli,
wenn i dohi druck, do hockt er.
Sag s e Bizli bang un kläglich.
No hörsch gli e : Dreimol täglich.

Des Rezeptli schiint mer richtig,
s paßt in alli Lebenslage.
Wo de Schueh au druckt, muesch sage,
öbis ineh, sell isch wichtig,
s macht eim wöhler un beweglich,
wenn s eim not isch dreimol täglich.

Trinksch e Vierteli am Morge
un e zweitis noch em Esse,
darfsch miseel doch nie vergesse,
au am Obe für di z sorge.
So ne Wiili schmeckt womöglich
halt am beste dreimol täglich.

Häsch e Wiibli, tue si pflege.
Denk am Morgen an e Schmützli,
nomitag isch s dopplet nützli
un uf d Nacht e rechte Sege.
s haltet jung un macht verträglich,
Freundli, merk der s, dreimol täglich.

s chunnt vu selber, würsch erst älter,
selli Stund, wo numen ebe
vu Erinnerig chasch lebe,
wil de müeder bisch un chälter
un e Bizli unbeweglich
für e gwißis Dreimol-täglich.

Nutz di Zit un tue si gnieße!
Gwinn im Leben all di beste
Siten ab, mit luter Feste,
wo die suure Wuche süeße.
So wird s Alter ganz erträglich.
Freund, i gunn der s – dreimol täglich.

Flohne

Bäni: He Fridli, was chratzisch denn all eso?
Fridli: Weisch i ha neume e tote Floh!
Bäni: E tote Floh? De bißt doch nit!
Fridli: De bißt nit? Hör mer uf demit,
du dätsch au nit singe vor luter Frohsinn,
wenn achtzeh andri an Beerdigung cho sin.

Brief an liebe Gott

Wil s ere nit zum Beste goht,
schribt en alts Müeterli an liebe Gott:
„Du liebe Herrgott, s goht mer schlecht,
wenn helfe chönntsch, no wär mer s recht.
I sot halt hundert Märkli ha,
i bitt di drum, so guet i cha!"

D Post schickt des Chärtli so zum Spaß
ufs Finanzamt in d Monetegass;
dört kriegt s de Chef. Er hät e Herz
un sait: Des git e Weihnachtsscherz,
zeh Märkli ruck i selber dra
un jede git halt was er cha.
So sammlet er im Ämtli flissig
un hät zletzt Nünzg Mark zweiedrissig.

Die schickt er mit eme Briefli gli
dem arme alte Müeterli
un brucht nit lang uf Antwort warte.
Bal kriegt er wider so e Charte,
dört isch druf gstande: Liebe Gott,
wenn i s nöchst Mol wider Geld bruche sott,
schicks nit über s Finanzamt, suscht isch es z knapp,
die ziehne eim Nü Mark achtesechzg ab!

Fraueüberschuß

„Do chasch s lese in de Zitig:
Fraue gits im Überschuß.
Alti Jumpfere werde chittig
un sin meistens grad kei Gnuß!

Ihr müen ohni vil Sperenzli
froh si, wenn ich ein tuet neh!“
sait de Franz un pflanzt si Ränzli
recht bequem ufs Kanepee.

„Do häsch recht!“ tuet s Bethli lache,
„ledig blibe, hät kei Schick.
Un was tüe mir alles mache
bis mer eine hän am Gnick!

D Lippe mole, d Augedeckel
alltag pinsle blau un grüen,
Schueh azieh mit hoche Stöckel
aß jo d Füdle wackle tüen.

Alles möglich tüe mer tribe,
Äugli drülle un so Schmuus –
bloß aß mir nit Jumpfre blibe,
s wär is halt de größti Gruus.

Aß mer keini Jumpfre-Müüler
kriege tüen, mit Franzle dra,
nehme mer de letzti Hüüler!
sihsch s bi mir am beste, Ma!“

Nehme mer de letzti Hüüler ...

Di besti Husfrau

„Hän er im Bachsepp si Rebstecke gseh?
E besseri Husfrau gits niene meh!"
So schwätze d Lüt im Dorf umenand.
„Gang furt!" meint de Fridli, „cha die allerhand,
so wot i doch eineweg d Seel wette druf,
gege mi Chätter do chunnt si nit uf.
E flissiger Wiibli, wie s Chätter findsch nit.
Do chasch heimcho, sel sag der, zue jedere Zit,
z morge am Drei – am Fümfi am end –
hät si halt s Nudleholz no in de Händ!"

Alemannischi Prob

Wälderruch un quellefrisch,
wie de Schnabel gwachsen isch,
fröhlich Spil us Liecht un Schatte,
farbig wie ne Summermatte,
so isch unsri Muetersproch.
Chum doch, Bürschli, sag mer s noch:
Chätterli, gang läng mer s Chrättli
un de Sechter ab em Chettli.
Chriesibluescht am Fensterli,
d Gutteren im Chänsterli,
Surchrutt, Chäs un suri Chuttle,
Chnuferi, do git s nüt z bruttle,
wer des nit recht sage cha
de isch bloß e Vierlig Ma.
Alemannisch, liebi Lüt,
isch die schönsti Sproch wo s git!

Un e alemannische Zungebrecher:

Jetz hät doch de Pabst s Bsteck
zum Speck z spot bstellt!

D Biißzange

s Stockmathise Kreszenz isch e Biißzange gsi,
e richtig Riibiise zuem Ma un zuem Vih.
De ganz Tag hät si nüt as geitschet im Huus,
sell haltet kei Roß – kum en Ehema us;
un wo si zletzt drufhaut uf Ma, Chind un Chueh,
do liidets de Ma zwar.
Aber s Rindvih ginkt zue;
e Butsch mit de Hörner
un s Kreszenz isch tot.
Un wo s jetz an d Liich bi s Stockmathisse goht,
do chunnt au de Nochber, s Brüehlmurersepps Franz
zum Mathisse Konrad un bringt em e Chranz
go s Beileid asage, wie s Bruuch isch un Art.
Er hät au mit tröstliche Wörter nit gspaart.
Doch sell chan er z'letzt nit verwurge zum sage:
„Du Konrad, di Alti!“ Er chratzt sich im Chrage,
„di Alti sell isch jo en Engel nit gsi,
un lueg jetz die Liich!
Soviil Männer debii!
Des hätsch jo nit denkt, de Hof isch ganz voll!“
„Hä jo“, sait de Konrad, „so isch's halt emol.
s isch kum eine cho, wege de Kreszenz go laufe,
die wö mer alli mi Chüehli abchaufe.“

Schneid

„Die Jugend vu hüt –
oh du liebi Zit –
hät kei Mumm un kei Schneid“,
hät de Fridli fern gsait.
„Früehier, was si mir für Mordskerli gsi!
I denk do zum Bispil grad numen a mi,
wie mi emol als e ganz junge Ma,
eine bim Tanz hät beleidiget gha.
I ha mer des Bürschli nit gli chönne schnappe,
no isch s mer – was häsch, was gisch –
furt un dur d Lappe.
I sag ich, i ha gmeint, i würd no verruckt
un ha die Beleidigung gwiß so nit gschluckt.
Am Sunndig druf bin i 30 Kilometer glaufe,
bloß aß i mer cha sell Bürschli chaufe
un em e gsalzeni Backpfiife schmire.
I denk sell chönnt euch hüt nümmi passiere.“

„Drißig Kilometer z Fueß?“ so staune die Junge,
„bisch du wege dere Beleidigung gsprunge?
des isch miseel e aständig Stuck.
Un bisch deno nochher au z Fueß wider zruck?“

„Nei, sell nit! Wenn i ehrlich si soll, no mueß i sage:
zruck hän si mi gfahre – im Chrankewage.“

De Fehler

„Fridli“, sait s Chätter,
„i wott alles wisse,
bevor i di hürot, gell des muesch verstoh.
Mer lebt halt uf Duur nit nume vum Chüsse,
vum Schmuse un Süeßholzrasple un so.
Drum sag mer: Tuesch rauche?“
„Ganz selte bloß, Schätzli!“
„Tuesch trinke?“
„Nai, sell loß i andre, s isch nüt für mi!“
„Luegsch gern noch de Fraue?“
„Hä aber au, Spätzli,
i ha jo doch nume no Auge für di!“
„Fulenzisch gern ume?“
„I schaff, wie kein Zweite
un nomol soviil, wenn i di emol ha!“
„Ja, Fridli, do bisch Du nit nume kei leide,
do bisch du direkt e vorbildliche Ma!
Häsch wirklich kei Fehler?
Au nit e ganz chleine?
I tät der nit bös si, nei, sell wär mer fern.
„Doch Schätzeli, doch, i ha scho au eine.
Weisch Chätterliherzli:
I lüeg eso gern!“

Luegen un Lose

Mi Vater hät mer s Luege glehrt
un s Losen uf die fiine
versteckte Stimme, wo mer hört,
wenn eine richtig lose gehrt,
so recht in s Leben iine.
In mänkem Felse, grau, vermoost,
han i no ganz tief inne
e Ruusche ghört – un g'lost un g'lost,
wie s chlückerlet un chluckst und chrost
in dene gheime Brünne.
An mänke schlanke Buecheschaft
han i mi Ohr dra ghobe
un ghört wie s zieht im junge Saft
un wie de Wuehliwind si Chraft
vertuet im Wipfel obe.
Mi Vater hät mer d Wiisig geh
mit Lehren un mit Mahne:
Mer mueß in d Sachen iine seh,
s isch tief im Cherne allwil meh
as unse Sinn cha ahne.

Heimet im Wisetal

Heimet im Wisetal,
Heimet, so schön.
Wo uf de Berge hoch
windfroh un wolkenoch
d Wißtanne stöhn,
Wälder an Wälder greiht,
dunkel wie Träum.
Sammet am Fürstechleid
ruuscht vu de Schultre breit,
Heimet, di Herrgottsfreud,
Silbrigi Säum.

Silber us tiefem Schoß,
Quellen un Bach.
Sprudlig dur Fels un Chluft,
Perle versprützt in d Luft,
des isch e Sach!
Aber dur s Mattetal
gütschelets liis,
spieglet im Morgestrahl
Wolken un Himmelssaal,
blau-goldig überall.
Singt em si Wiis.

Heimet, wo d Felder wit
wogen im Wind.
Wo us em Mattegrüen
d Chriesibäum blüehie tüen,
froh wie ne Chind.
Selig im Mueterarm
s Dörfli sich sunnt,
Kirchturm un Schindledach
breit über Lüt un Sach,

Bluemen im Fensterfach,
Gärte, so bunt.

Aber dört us im Tal,
dört raucht d Fabrik.
Webstuehl un Hammerschlag
singe vum Arbetstag,
singe di Gschick.
Sage vu Freud un Not
mit ihrem Schrei,
schaffen im einde s Brot,
schaffe de ander z tot.
Wer in de Mühli stoht,
mahle si chlei.

Allmol am Sunndig früehi,
öbs no im Feld
hälige tage will,
stöhn alli Räder still,
wandlet sich d Welt;
fiirt si en österlich
hell Uferstoh.
Glockeklang wit z ringsum
rueft der e starchis „Chumm",
do wird die Seele jung,
do wird si froh!

Heimet im Wisetal,
do hebt is nüt.
Wanderhuet, Loderock,
haslene Wanderstock.
Chömmet, ihr Lüt!
Ufen in Berg un Wald
heimligi Weg.
D Amsle singt, d Sunne strahlt,

s Wasser us Chluft und Spalt
schmeckt is so herrlich chalt.
Do si mer zweg.

Dunde im enge Tal
ruuscht de Verchehr.
Schinezit. Stroßezit.
Bringt is di fremde Lüt
überallher.
Bringt, was am Lebe müed,
weltechrank, wund,
was in de Seele leer.
Stilli heilt alli Bschwer,
macht si im handumchehr
z friden un gsund.

Heimet!
De wo di chennt,
haltet di hoch.
Achtet di guti Art,
wo sich in Ehre wahrt
Wesen un Sproch.
Arbet un Fiirtigsfreud,
beidi im Chranz,
Sege in Glück un Schmerz.
Heimet!
Dir ghört mi Herz,
glüehig wie Glockenerz,
z eige
un ganz!

Maiesunntig am Drei-Länder-Blick

Am Sunntigmorge hock i z'oberst an de Stige,
sih Städt un Dörfer in de Morgesunne lige
un schnüüfele, wie s d Chinder tüen im Schlof.
s isch chüehl un still; im Chäferhölzli nume
de Gugger will kei Augeblick verstumme.
Un neume dischkeriere d Hüehner i me Hof.

D Rebstecke stöhn wie schneidigi Soldate
in Reih und Glid. Di junge Schößli bade,
un sibefach bricht 's Liecht im Morgetau.
Am Elsiß äne ziehne Wolkeschimmel
e breite Wage subtil dur de Himmel.
Un vu do obe sihsch sogar de Rhi no blau.

I weiß nit, wie mir würd. Mir würd so eige.
s goht öbis um mi umme, wie ne Reige
un waiht mi a, wie helli Blüeteträum.
I mein, i hör viel hundert Stimme
wo um mi singe. Oder sin s bloß d Imme,
wo örgele in dene Öpfelbäum?

Do fange d Glocke überall a schwinge.
Vu alle Site hör si jetz do uffe klinge:
Vu Binze ruefe si, vu Märkt, vu Wiil;
St. Ludwig rüeft un Eimeldinge wünscht der
e guete Morge. Los, un s Basler Münster.
I glaub i fang a pläre, s fehlt miseel nit viil.

Du herrlich Land im wite grüene Boge,
vum Rhi durströmt, vum Jura blau umzoge,
Drei-Länder-Land, wo keini Grenze sin.
Du großi Heimet! Mächtig lütisch z'sämme.
Soll i mi do ab minre Liebi schäme,
won i eso im Tiefste glücklich bin?

Tülliger Linde

Du uralti Linde am Tülliger Berg
bisch eins vu de herrlichste Herrgottswerk.
Wie fest bisch du baue un gründet!
E Dom, wo us chnorzige Wurzle stigt
zum mächtige Stamm, un frei sich verzwigt
un Himmel un Bode verbindet.
Hochusen ins Blau breitsch di Chronedach us,
e sunneverspunnenis heiteris Huus
mit schlanke, lebendige Strebe,
wo liislig de Wind uf de Zupfgiige spilt.
s git, wo mer au luege, kei anderis Bild,
wo meh eim chönnt sage vum Lebe.

Harft nit eso heimlig voll Wunder de Wind
un leuchtet nit d Sunne, wenn amig e Chind
großäugele tuet us de Wiige?
Un stigt us de Wurzle nit mächtig im Saft
e wuehligi Jugend, un möcht ihri Chraft
in alli Himmel verzwiige?
Un werde nit Sinne un Seele so wit
un trage de Mensch un si chöstlichsti Zit
mit Blüete un Früchte un Blätter?
Si dehne un recke un strecke sich breit
un sin em e Welt voller Borgeheit
zmits innen im wüetigste Wetter.

Un tschuppt is e Gwitter, un schüttlet is d Not,
mer weiß, aß es allewiil doch wider goht,
solang mer im Bode tüen gründe.
Un zuckt no uf d Letzti e Blitz dur de Baum,
no mueß mer halt gheie.
Mer träumen ei Traum:
I - Mensch, un Du - Tülliger Linde.

Uf em Lörrecher Wuchemärkt

Roti, geli, grüeni Schirm
un e Hufe Lüt.
„Chopfsalat un früschi Eier,
guete Tag, Frau Obermeier,
nemet öbis mit!“

Burefraue bringe s Land
un si Wese hüt:
Herbi Süeßi. Saft un Sunne.
„Schöni Bire! Gestern gunne.
Nemet öbis mit!“

„Goht s ich recht? So? Gott sei Dank,
s isch kei liichti Zit!“
Aber s Gschäft cha s wohl vertrage,
no ne menschlich Wörtli z sage.
Nemet öbis mit!

Mi alti Schuel

Wenn i am Sunndig als vu Fahrnau her
uf Schopfen iine fahr, am Hammer über s Brückli,
no mueß i mänkmol dört am grade Stückli
de Fueß vum Gas neh un mueß dureluege,
un neumen inne stupft mi öbis liis,
i spür d Erinrig wie ne alti Wiis
tief in mir ufeklingen us versteckte Fuege.

Am Schlattholz äne steilt jo s dunkel Dach
vu minre Schuel us alte, hoche Bäume.
Un mänkmol, mänkmol chum i drab in s Träume
un fahr mi Chäreli e weng uf d Site.
E sone Stündli isch e schöni Sach,
do werde soviil Bilder i mir inne wach
us mine fast vergessne wilde Buebezite.

I sih mi ab em Zeller Zügli cho,
e chleine Zwuckel un e großi Schuelermappe,
un uf em Chopf, gel – schwarz – d Sextanerchappe.
Sprüch mache hör mi no un Rede führe
mit mine Fahr-Kamrade, frech un wislifroh.
I sih mi mit ene dört ine goh
in hoche Bau dur e vertrauti Türe.

Un eismol bin i in re andre Welt
un s stirbt mer s frechi Wort scho uf de Zunge,
un neumen inne isch mi Schaale gsprunge
mi ruuchi – un so dünni Seeleschaale,
un s würd de Chernen usegschellt
un eismol vor e neui Ufgob gstellt
mit neue Gnade un mit neue Quale.

Wie Schuuder waiht mi neumen öbis a,
s isch grad, als ruuschte unsichtbari Flügel,
als zöge Händ an starche, feste Zügel
un ordne mi in Ring zue andre Geister
wo keiner sich dägege wehre cha.
Un will mi Hitzbluet Welle schla,
ruckt s an de Trense. Un de Geist isch Meister.

Mit sachte Hände führt er Gwuehl un Gnuehl
vum Buebemorge usizue ins Lebe.
Un i spür s großi Sii im Chleine webe,
im Tue, im Wort un im Gedanke.
De Weg würd Ziil. Still hock i uf mim Stuehl,
un weiß: Du Huus im Schlattholz äne,
wo no mi Lache in de Bachstei klingt
un wo de Bode all no s Bitter trinkt,
vu miine zornige un heiße Buebeträne.
Mi alti Schuel,
aß i e Mensch bi, han i Dir z verdanke.

D Chlopfsägi

D Chlopfsägi stoht am Chünnebach,
ganz tief im Chluse hinte,
wo d Stroß in Stadel durebruckt,
dört hät mer si in d Muelde druckt,
de chasch si kuum no finde.

Zweihundert Johr sin über s Rad
vu sellren alte Sägi.
Zweihundert Johr! Jetz stoht si still.
Mer bruucht si nümmi. Niemer will
meh flicken an de Legi
un uf em halb verheite Dach
di chrumme Bälke richte,
un Ziegel, wo doch d Hälfti scho
verhauen isch un abegno,
in neue Lage schichte.

Un niemer will meh denke dra
an selli alte Zitte,
wo s Gatter iinebisse hät
in starchi Bäum. Un Brett um Brett
im Gliichmaß usegschnitte.

So mänki Chinderwaagle hät
mer gmacht us selle Bretter,
un mänki luegen a me Huus
as Gibelwalme s Tal durus
un trutze Wind un Wetter.
Un mänke Stuehl un mänke Schrank
un Chänsterli un Better
sin ab em Sägischlitte cho,
un mänke hät au Wohnig gno
in ghoblete Sechs-Bretter.

So hät die Sägi Freud un Leid
dur viili Gschlechter gmesse.
Un sott jetz eifach nümmi sii?
Si mir denn gar so schnell debii
z vernüte un z vergesse?

Wie du zue dine Vordre stohsch,
ob Fluech gisch oder Ehre,
so goht s au dir emol im Grund
vu sellem Gschlecht, wo noch dir chunnt.
Di Bispihl tuets jo lehre!

Am End würd jedis emol alt
un müed un bruucht si Pflegi
un mueß si Zit zum Bsinne ha.
De Mensch vorab. So denket dra:
Gen Sorg zue de Chlopfsägi!

[1967; die Klopfsäge wurde inzwischen von der Gemeinde Fröhnd, dem Forstamt Schönau und dem Schwarzwaldverein wieder aufgebaut]

Im Irzegrabe

Im Irzegrabe singt de Bach
si rundis Obelied,
un s würd e Frohsii i mer wach,
so richtig tief im Gmüet.

Wi d Sunne dur s jung Buechelaub
goht öbis dur mi dur:
Kei Menschelärm,
Kei Stroßestaub,
Kei Hetz un Gugelfuhr!

Kei Chrampf un Dampf
un kei Krakeel
un keini ghetzte Lüt.
Bloß Stilli.
Jo.
I ha s miseel
nit gwißt, aß s des no git.

Un aß de Mensch no echt begriift,
was rechte Friden isch.
Still jetze!
Los
en Amsle pfiift
dört äne im Gebüsch.

Freiburg

Häsch keini Händ,
du breiti schöni Stadt,
aß i s Alleisii chönnt
as Tränen in di lege
un perlmutfarbig mi umschließe lo
vu dir?

Häsch keini Auge,
aß mer chönntsch in s Innerst luege,
wo blut isch wie ne Chind
un friert,
wenn durch di Glänzen i
verlore gang?

Du bisch wie Glas,
wo s Liecht sich sibefach
in schmale Chante bricht.
Bisch wie Kristall,
e chüehli Schaale,
bsetzt mit Stei.
Mit grüene Stei.
Wo s Lebe liicht
un lebig trait.

Du schöni Stadt,
vum Turmhelm überströmt
mit Liecht un Ton.
Un doch spür i in Dir
mi Fremdsii als e Glück
im Glanz vergoh.
Demüetig uf de Schwelle.
Chumm
un mach mer uf.
Gern wär i do deheim.

Gueti Geister

Do chömme gueti Geister z Bsuech
un hän e bsunder Wese,
wenn „Heimet“ saisch.
Sell isch e Buech,
wo de, wo drin cha lese,
uf jedem Blatt un jede Tag
en ander Frohlied finde mag
mit neue Wort un Mäße.

Un jede Morge blüeht der neu
e Chraft us ihrem Bode,
wo d Arbet gültig macht un frei,
un über alle Mode
un allem Chrampf vu dinre Zit
dir Wurzle, Wuchs un Wiisig git,
wie s würd zum Guete grote.

Drum heb di an de Heimet, Mensch,
wenn s andri au vernütte,
aß nit di Zit in s Nüt verrennsch.
Die Chraft, wo us em Muetergrund
dur ihri Wurzlen in si chunnt,
die bruchen alli Zite.

I bi e Wälderchind

I bi e rechtis Wälderchind,
sell sag i frei un stolz.
Für mi stoht fest: Mir Wälder sin
us guetem Cherneholz.

Ussumme ruuch, sell si mer jo,
un Chnorze häts au drin,
doch dörfe mer scho anestoh
un sage, wer mer sin.

E fröhlich Herz im herte Gwand,
e Sproch, wo d Wörter spart,
e gsunde Muet, e offni Hand,
des heißt mer: Wälderart.

Un s Besti, wo mir Wälder hän,
won is so chaibe gfallt,
aß mer s wie d Chlette hebe wön,
isch d Heimet uf em Wald.

Sin Berg un Tal un s Dörfli drin
un tausig Chinderträum.
Sell chunnt is niene us em Sinn:
Am schönste isch s deheim!

E Hämpfeli Sprüchli für allerhand Lüt

Sei im Lebe nit vernaglet
un dir selber spinnefind!
Tue de Chopf e weg, wenn s haglet;
heb en hi, wenn d Sunne schint!

Stammbuechsprüchli

Zerst meinsch, Zit sei e Schneck,
chäm nit vom Fleck,
un wotsch si triibe.

No meinsch, e Roß sei Zit,
gieng wo du witt,
un so sot s bliibe.

Doch schwalbegschwind
verblost de Wind
di Lebe.

Un bal stohsch do
un wotsch es no
e Wili hebe!

*

Bisch chlei
wotsch gern groß si.
Bisch groß,
wärsch gern chlei.
Ällei gern selbander,
selbander – ällei.
Was hüt kriegsch
wotsch morn ha,
was morn chunnt
wotsch hüt.
Un battet s nit,
no schimpfsch.

*

Die chranki Welt go heile muesch
nit Arzt si un Professer,
wenn all Tag öbis Guetis tuesch,
no wird si all Tag besser!

Wenns s finstrer nümmi werde cha,
un s mag kei Stern meh schiine,
no zünd e Fünkli Liebi a
un gang ins Dunkel iine.
Un gli wirds heiter um di sii
bis ufe zue de Sterne.
E Fünkli Liebi git meh Schii
as tausig Sturmlaterne.

*

Wie ne starche Baum isch s Lebe.
Ernst un Chraft sin Stamm un Strebe,
Fliiß un Muet sin s Wurzlegflecht
un de Mueterbode s Recht.
Doch um alles, wie ne Flor
schimmret goldig, de Humor,
leuchtet echti, freii Freud
wie ne jungis Blätterchleid.

*

s Leben achte im gringste Gschöpfli,
s Lebe seh im fiinste Tröpfli,
s Lebe schütze, wie sich s ghört,
macht s Leben au für andri wert.

*

E bsinnlichi Stund,
die goht uf de Grund
vum Lebe.
E fröhlichi Stund,
die haltet di gsund
denebe.
Choschbar sin beidi.
Bsinn di
un freu di!

Wie tief i me Felse
in heimlige Gründe
sich Tröpfli un Tröpfli
zuenander finde
un Quelle werde
un Wildbach un Strom,
so wachst alles Gueti,
wo wirksch in dim Lebe,
zue bündige Pfiiler
un sichere Strebe
am Herrgott sim
ebige Schöpfigsdom.

*

s git nit viil Besseris im Lebe
als zuenenander menschlich sii.
Wo Mensche ehrlich zsämmehebe,
hät jede Tag si Sunneschii.
Un gege Haß un Niid un Gwalt,
wo eim ällei tät d Chrone stutze,
do stoht mer zsämme wie ne Wald,
wo no im stärchste Sturm cha trutze.

*

s hät jedis Ding zwei Site
e Buech un au e Mensch.
Tue nit di eind vernütte,
vor nit di ander chennsch.
Im Bscheidne, Unschiibare
lit mänkmol tiefe Wert,
wo nume de cha gwahre
wo s Gueti finde gehrt.

Unten ufe
chunnt viil.
Oben abe
chunnt meh.
Alles, was chunnt
mueß wider goh.
Abe
goht viil.
Wieviil
goht ufe?

*

Frog nit
Wer hät mi lieb?
im Lebe.
Wer nume heischt,
dem battets nit.
Frog
Wer bruucht Liebi?
Gang,
suech d Gräbe
un hilf, wenn öber dunte lit.
Hilf still un schnell
un ohni Froge.
No bruuchsch di nit
um d Liebi ploge.

*

Was di drängt un tribt,
lueg s für nüt a.
Wenig isch, was blibt.
Doch für sell muesch Zit ha.

Wenns um di ume liislig würd
hörsch erst di gheime Brünne,
wo ruusche
in dir inne.

*

Wettstritt oder Stritt
sell sin zwei paar Händsche.
s eind isch guet un s ander nit.
Merkets, jungi Mensche!

*

Wenn all Tag bloß ei Seigel zwingsch
vu dinre Lebensleitre,
wenn ufe luegsch
un mit der ringsch
un au im Sturm nit abespringsch,
no stohsch am End im Heitre.

*

Riiche mache
chan im letzte Grund
bloß sell,
wo us dir selber chunnt.

*

Je älter mer wird
desto goldiger schiine
di selige Stunde
vum Chinderland eim.
Je meh mueß mer lose
im liislige
fiine
verwunschene Klinge
vum Wörtli
deheim.

s isch jede Tag
e Tröpfli neuis Lebe,
wo würd un wachst,
wo nimmt un wider git.
Wo chunnt un goht.
Un niemer chan en hebe,
er rinnt wie Wasser
in e Meer voll Zit.

Doch wenn sell Tröpfli
uf sim Talweg neume
e Blueme tränkt,
e Fieberlippe netzt,
no isch es guet gsi.
No hät s d Welt im Gheime
e winzig Stückli
liechtwärts
ufegsetzt.

*

Wer Freud cha ha an schöne Dinge,
an guete Büecher, a me Bild,
am Blueme pflege oder Lieder singe,
dem weiß i öbis.
Un sell gilt
solang no Wind un Wolke göhn
un Tanne uf em Belche stöhn ·
Wer s Schöni gern hät,
de isch selber schön!

*

E Buech voller Wüsse
isch weniger wert,
as en einzig guet Wörtli,
wo frohmache gehrt!

Wenn du im Tiefsten unte bisch,
verhalt un mach e Schnuuf.
No pack de Weg
un gang en frisch.
Wenn du im Tiefsten unte bisch,
goht jede Weg
berguf.

*

Wo d Liebi nit am Fädli hebt
git s Chnüppel,
we mer s Lebe webt.

*

Alles, was mer weiß un cha,
fliegt eim nit vu ungfähr a,
muesch di scho drum müehie.
Ohni d Gnad vu obeher
aber ruuscht kei Weltemeer
un kei Baum würd blüehie.

*

Mit re böse Zunge cha
ein so tiefi Wunde schlah
wie mit scharfe Beile.
Aber mit me gute Wort,
ehrlich gsait am rechte Ort,
cha mer Wunde heile.

*

Schwätz wie de bisch
un sei so, wie de schwätzisch.
Wert lit im Sii
un nit im Schii,
de zeigt bloß sell, wo lätz isch.

Ufmunterig

Frohmuet isch guet,
isch besser as Wuet,
macht riicher as Geld
un freier as d Welt,
isch nötig wie s Brot,
isch stärcher as d Not
un hitzigi Gluet
un Gallen im Bluet.
Frohmuet isch guet!

*

Immer isch Gott dir noch,
wo de au bisch in de Welt.
Wenn er der nötig isch,
bruchsch en bloß ruefe.
Will er di Vater isch,
bisch du un blibsch si Chind.
Wil er di Vater isch,
wird er di höre.

*

Gang tausig Stroße in de Welt;
un sin si pflasteret mit Geld
un glänzig alli Tägli,
so macht di keini doch so froh
als in de Heimet neume so
ne schmalis Wanderwegli.

s cha s jede halte wie n er will
mit Hülen oder Lache.
Im Lebe goht s wie im April.
Gang, nimm s wie s chunnt!
Un schmunzle still,
wenn Lüt um chleini Sache
e große Wirbel mache.

*

Leb, lieb un lach
un schaff di Sach
mit gsundem Muet
un ohni Wuet.
No goht s der guet!

*

Wenn d Mucken emol
mit Düseatrib fliege,
no möcht i miseel
kei Schwalbe si.

*

Lauf nit blind
un dumm wie d Chälber
jedem Ochs noch.
Blib di selber.

*

Un wenn s di emol dunkt,
du seisch e Mittelpunkt,
no lueg schnell um di ume.
Wa sihsch rund ume nume?
Di ganzi Umwelt winkt der
mit luter Mittelpünkter.
Blib bscheide, was muesch sii –
e Pünktli uf em i.

Nemet doch um Gottes Wille
keini Pille gege d Grille!
Nemet lieber d Frau in Arm
un lön d Gläser zsämmelüte.
No wird uf de Sunnesite
s Herz vu ganz vu selber warm.

*

Si isch der gunnt
di heiter Stund,
vu Herze!
Allmol
wenn si chunnt.

*

So sotsch lebe chönne!
So heiter in Tag iine,
so lustig dur d Nächt dure,
so z friden un federeliicht,
wie di di andere sehn lebe.
So sotsch emol lebe chönne!

*

E Pfännli voll Lache,
e Chächeli Lust
un e Hafe voll Frohsii,
wer hät do kei Glust?
Schlecks us bis an Bode
un denk halt, s wär fein.
En a'brennte Brote
isch besser als kein.

Im Auewald singt d Nachtigall
am Chärndel singt de Spatz.
s freut beidi;
doch vu Fall zue Fall
triliere beidi
bloß für d Chatz.

*

Wenn eine meint, e Mensch wo lacht
un gern e Bizeli Zirkus macht,
de sei denebegrote,
dem mueß mer sage: s Wasser isch,
wo s lustig sprudlet, quellefrisch
un suber bis an Bode.

*

Wer frißt wie ne Wolf
un sufft wie ne Chueh,
de bruucht kei einzig Gramm Hirni dezue;
wer aständig läpplet
un ißt, wie sich s ghört,
de isch si Gwicht in Goldstückli wert.

Für e lustige Vogel

Jede Vogel singt si Wiisli,
eine lut de ander liisli,
eine frech, de ander froh.
D Mensche ghören in de Regel
zue n re bsundre Gattig Vögel,
tribe s aber grad eso.
Un nit immer sin di lute,
wo am höchste Dölder butte
au di fiinste – dört wie do!

Für e Chnuferi

Mit Chnufere un Brumme
tribt niemer d Welt rundume!
E Bizli froh,
e Bizli närrsch,
sell loßt si sause,
Herz, was gehrsch!

Für e Sürpfler

Wenn du im Sürpfle Meister bisch,
sin gueti Geister an dim Tisch.
Doch würd de Wii din Meister,
verlön di alli Geister.

Für ein, wo gege d Fasnecht isch

Wer kei Sinn für Unsinn hät,
für de taugt d Fasnecht nüt.
De Unsinn macht de Sinn erst nett,
sell wüsse gschiiti Lüt.

Für ein, wo s allewil pressant hät

Time is money
Zit isch Geld,
heißt e Schlagwort uf de Welt.
Aber s häts no kein erfunde,
mag er Geld in Hüffe ha,
wie n er au nur ei Sekunde
zu sim Lebe chaufe cha!

i me Tanznärli

Draih di, waidli, Maidli,
s Leben isch e Luscht.
Tanz un tausig Freudli
schenkts der umesuscht.
Wenn de jung un froh si wit,
halt di fest dezue,
chümmere di nit um d Lüt
un um s Loch im Schueh.
Lach un sing un freu di,
handumcheer isch s z spot.
Draih di, waidli, Maidli,
tanz un spring wo s goht!

Für eins, wo Tracht trait

Dreierlei isch es, was unsri Tracht
dur alli Zite so wertbständig macht:
Aß si will vu de Liebi sage,
wo Mensche zu ihrer Heimet trage,
Aß si e Chleid si will zum sich freue.
Un aß si no zeigt, aß allweg im Neue
no s Alti si Platz hät un bliibe cha.
Drum ehr i mi Tracht.
Drum leg i si a.

Für e Spötter

Schnell häsch verlacht,
was en andere macht.
Aber besser als lache
isch: bessermache!

Für e Füürwehrma

Im Herrgott z Ehr
im Böse z Wehr,
allzit parat
un Kamerad,
für andri goh
un anestoh
un kein in Not un Gfohre lo,
de Mensche helfe, wo mer cha,
sell macht en echte Füürwehrma!

Für e Dankbare

Wer s Gueti mit em Seschter mißt
un mit em gliiche Mäß
bi Glegeheit
zwar zruckzahlt –
aber no vergißt –
weiß selle öbis vu de Dankbarkeit?

Dankbar isch de, wo s Gueti nimmt un trait
un Gold drus macht
un währschaft blanki Münze
un wo s
bi jedre Glegeheit
an andri witergit
mit Zins un Zinseszinse.

i me Christ

E guete Christ
mag Freud dra ha,
wenn er anderi beduure cha.
Doch hilft er nit
di nämlig Frist,
no isch er gar kei guete Christ.

Für öber, wo Trost brucht

s göhn zwei mitenand dur d Zit,
allewil verbunde.
Eins devo im schwere Schritt,
abgschafft un verschunde.

s ander liicht un chindertroh,
wie ne Lied im Maie.
Mitenander müen si goh,
s Truurigsii un s Freue.

s Leidtal abe, s Freudtal uf
göhn si, all selbander.
Machsch im einde s Türli uf,
ungfrogt chunnt au s ander.

Für rechti Wanderer

E Wanderer, sell isch e Ma,
wo au no neume raste cha,
wo a me Blüemli hänke blibt
un mit em Gras si Zit vertribt,
wo lost wie d Bächli schwätze tüen
un Freud hät, wenn si gumpe müen,
wo s Blättli, wo in d Gumpi schlupft,
gli mit sim Stecke witerstupft
un luegt, wie s lustig useschwimmt –
un us em Rucksack z Nüni nimmt.

*

Vergiß nit s Raste, Mensch,
wo all bloß jagsch un rennsch,
vergiß nit s Raste!
Wo s alles ander git
un nume eins nit: Zit,
mueß d Liebi faste!

*

Wer Heiterkeit un Gmüet un Takt
un Sorg chennt für di andre,
de hät si Rucksack richtig packt
zum Mitenanderwandre.

Wetterbitt vor em Wandere

Sankt Peter, liebe Himmelschließer,
Wolkeschürker, Bluemegießer,
Gunn is hüt e Sunnetag
zum Wandere dur Hurscht un Hag.
Tue uns de Frohsinn nit verüble,
gang loß es neume anderst chüble
un pflättere un pfluttere
us dinre Regeguttere.
Verschone uns, verschone uns
mit Wolkebruch un Engelisbrunz!

Zum Schmunzle

Wenn s um eim ume rumst un blitzt
nützts wenig we mer schnützt un schwitzt
un suuri Schnuren ane macht
an d Welt, statt aß mer singt un lacht
un z leid sim Schatz e Schmützli git.
E Narr si darfsch,
e Dubel nit!

*

Trink us!
E volle Becher,
frisch vor di angestellt,
isch vu de Sorgebrecher
de Schlechtst nit uf de Welt.

Sprüchli zum e Waaglefest

s stoht öber mit em Blumestruß,
do use an de Stege.
un isch e weng verlege.
Was will er denn? Verrotisch Du s?
Er wünscht der alles Glück in s Huus
un dopplet soviil Sege.

Gott schenk der Glück zum Waaglefest
un Täg voll luter Sunne,
soviil e Mueter Windle wäscht,
soviil wie s Blättli an de Äst
un Tröpfli hät im Brunne.

E heiter Herz un frohe Muet
un s rechti helli Freue,
sell loß di bloß nit g'reue.
Aß dir s am Glück nie mangle tuet,
nimm s Herz in d Hand un heb s au guet
un loß es jo nit gheie!

*

Anneli, Geburtstagschind,
rot emol, wer chunnt do gschwind
mit zwei Händli un zwei Füeßli
un e me ganz liebe Grüeßli,
go der öbis Liebis sage
un der s Glück in s Stübli trage?

s Leben isch e Bluemestruß,
suech der grad di schönsten us;
für di Schaffe un di Müehie,
solle tausig Blüemli blüehie,
aß de Freud häsch an dim Lebe,
Anneli, un Glück denebe!

Für e Chind

Will di s Lebe finster dunke,
grau un grisig,
schwer un leer.
Neume sin doch Liechterfunke
uf de Welle vu dem Meer.
Neume brennt e stilli Cherze
bloß für di in jedre Nacht.
Neumen isch vu alle Herze
eins, wo für di sorgt un wacht.
Neume!
Neume schint der d Sunne.
Chind,
vu alle guete Wünsch
will der de am meiste gunne:
Aß sell Neume immer findsch.

Zuem e Herrgottstag

In Gottes starche Händ
lit Werde un Vollende,
lit bschlose Lust un Leid.
Was Dir au mag begegne,
Vertrau em! Er würds segne
in gueti Herrgottsfreud.

*

Schaffen un Strebe,
Kämpfen im Lebe,
gen der di Richtig.
Häsch s aber zwunge,
isch öbis g'lunge,
nimm sell nit z wichtig.

Darfsch nit vergesse:
Alles isch gmesse
in dim Vollende.
Arbet un Sege
Werde un Ende
strömt der entgege
us Herrgottshände.

Zue n ere Verlobig

Stiget i ins chleini Boot,
froh in s Lebe z starte;
himmelblau un roserot
tuet s uf euch zwei warte.

D Liebi will de Anker sii,
Mast un Segelplunder.
Schlaht deno e Welle drii,
gohts no lang nit unter.

Anker uf un Segel frei!
Muet hät s all no gwunne.
Fahret los! s schiint für euch zwei
überall e Sunne!

Für e Hochzitspäärli

s Leben isch e große Chratte
mit verschidne Sache drin:
Freud un Sorge, Liecht un Schatte.
Un nit jede Tag isch Gwinn.
Wenn er s wön mitnand durwandre,
bruchet er en starche Muet
un de Glaube au an andre,
wo n ich hebe tuet.
Feste Wille, glücklich z mache,
nit bloß selber glücklich z sii.
Hän er gnueg vu dene Sache,
stellt sich s Glück vuselber i.
Sicher göhn er no durch s Trüebi,
d Sorge, s Leid un d Not
in de rechte, feste Liebi –
un die bhalt ich Gott!

s git e Tag im Lebe,
wo mer nie vergißt,
wo eim all tuet hebe,
wil en d Liebi mißt.

Froh un trüebi Stunde
binde sich zum Chranz
un sin eng verwunde
in sim schöne Glanz.

Us sim Wert un Wese
strömt e riichi Chraft,
bindet un tuet löse,
was euch wirkt un schafft.

Macht ich eins us zweie,
un sait: Wäg un wag,
mitenand in Treue.
Gsegnet sei de Tag!

*

s mag alles vergoh,
was mer schaffe, was mer glaube,
was mer hoffe un sinne,
was is trait un umdrüllt
un alängt do inne,
was is weh tuet un freut,
was is bindet un tribt.
s mag alles vergoh,
wenn d Liebi nur blibt.

Enander gern ha,
sell isch nit schwer.
Enander vertrage,
sel bruucht scho mehr.
Enander vertraue,
was immer au chunnt;
uf s anderi baue –
am Werchtig, all Stund,
treu, tapfer un tüchtig
sich hebe – ganz fest.
Ihr zwei, sell isch Liebi.
Un d Liebi isch s Best.

Für e silbrig Hochzitspaar

Hebet fest di schöne Stunde,
won ich euri Liebi schenkt.
D Jöhrli sin so schnell verschwunde,
schneller as mer denkt.
Wie ne Wind verhuucht ich s Lebe,
handumcheer wird s still.
Aber d Liebi cha mer hebe,
we mer nume will.

*

D Liebi isch höcher as Berg.
D Liebi isch tiefer as d Meer.
D Liebi isch liicht wie ne Luft
un wie ne Felse so schwer.

D Liebi isch heißer as Füür.
D Liebi isch linder as Wind,
wo im e blüehige Baum
spilt wie ne heiteris Chind
selig im Maietraum.

Isch ich nit s Herz wie ne Stern
selig un glänzig un frei?
D Liebi bruucht – noch oder fern –
nüt, as nume euch zwei.

Für e goldig Hochzitspaar

E Lebe lang in Lust un Leid
hän ihr mitnander alles trait,
dur Sturm un Chrieg un bösi Zit,
wo hinter euch im Schatte lit.
Ihr hän si bstande, fest un treu,
un euri Liebi isch so neu
wie anno *[Jahreszahl]* selbigsmol
am Hochzitstag, ihr wisset s wohl.
Es goht e Liecht vu sellem Tag,
aß mer vu Herze wünsche mag,
ihr möget in sim guete Schii
no recht, recht lang binander sii.
De Herrgott schenk ich Gnad dezue
un sunnewarmi Oberueh.
Er bhalt euch beidi mitenand
no lang in sinre Vaterhand!

E Sprüchli in e neui Wohnig

Mer bringe Brot. Mer bringe Salz.
So isch es alte Bruuch.
s isch nit modern. Un doch, uns gfallt s,
mer meine, s isch e Huuch
vum Segebringe d inne.
s isch dem e Zeiche, wo s verstoht:
Für Liib un Lebe brucht mer Brot
un Salz für s Denke;
s Menschsii heischt
zum gsunde Liib e helle Geischt.
Sell sin die beide Brünne,
wo s lebig Wasser ussedrängt,
wo wachse loßt un fruchte schenkt
un s Glück für Liib un Seele.
Mög s an dem Wasser us un i,
am Sege un am Sunneschii
un allem was zum Guete stoht,
mögs euch am Salz un au am Brot
in euem Huus nie fehle!

Uf de Schwelle in e Neuis Johr

Un wider isch e Jöhrli z End
im letzte, müede Schritt,
liis isch si Flämmli abebrennt
un e Stuck Docht demit;
mir Mensche merke s nit.

s hät jedis Johr si glichis Maß:
s chunnt iine, wachst – un goht.
s verwaiht sin Schnee un trait si Gras,
sin Sege un si Not,
si Lebe un sin Tod.

s lauft allewil sin gliiche Gang
bis in si letzti Rueh.
s lauft au nit gschwinder, wenn i blang;
un wie n i schind un tue,
i setz kei Stündli zue.

Hast, Hetzi, Jast un Jage – lo,
si nutzen alli nüt.
De muesch im Gliichmäß duregoh.
Wenn zitig werde witt,
no bruchsch halt au di Zit!

De bruuchsch di Zit, wie s Chorn im Grund,
si bringt der Weg un Pflicht,
un d Gnad dezue wo uf di chunnt,
un di hät s meisti Gwicht,
sell isch en alti Gschicht.

En alti Gschicht. Wohl, sell isch wohr,
doch all au wider neu
bim erste Schritt in s neui Johr:
Mir wären ohni d Treu
vum Herrgot nume Spreu.

In sine Hände si mer Chorn
in Boden iine gstreut.
Chorn, wo vum Hüt in s dunkel Morn
in Schmerzen un in Freud
e Lebe witertrait.

De ebig Gott, wo alles lenkt,
hät is e Johr voll Gnade gschenkt.
Di schwarze Vögel sin im Boge
um Herz un Huus un Heimet gfloge,
nit Chrieg un Chummer hän is gchränkt.

Wohl hät's au Sorg un bitter Weh
un mänki schweri Stunde geh.
Doch we mer alles, Leid un Sege
in d Vaterhand chan inelege,
wird eim im Grund nit übel gschäh.

ER isch is treu, un sel isch wohr.
In SINE Händ lit Glück un Gfohr.
ER weiß am beste, was mer bruuche
un würd is heben oder struuche
wie s not tuet – au im Neue Johr.

E paar Sache zum Spiele

Wer lache cha, wenn s lusig wird,
wer Wärmi hät, wo s andri friert,
wer tanze tuet, wenn s Pfuddle schneit
un jodle, wenn s em s Gschirr verheit,
wer Scherz un Träne noch binand
un Geischt hät zmits im Unverstand
un zimlig viil devo sogar –
sell isch e echte gschiite Narr!

Zweimol voll!

Sketch für ein, wo en Stipper hät, aber en ghörige.
Personen: De Ma un de Mond un e Teppigchlopfer.
De Ma: *[rutscht die Wirtshaustreppe herab]*
So! So!
Hä nu jo, do wär i jetzt!
Was?
Bsoffe bin i? So e saudummis Gschwätz?
I bi so nnnüechter, wie ne Fisch,
Jawoll so nnnüechter, wenn de weisch, was des isch!
[versucht langsam vorwärts zu gehen – Breitspur – bleibt schwankend stehen]
Aha! Jetz häts klingelet, jetz häts aber gschellt!
Jetz han i s gseh:
So ume goht d Welt,
als ume, als ume, mit allene Sache.
Hüscht ume – hüscht ume –
do mueß i grad lache!
do mueß i – do mueß i –
was mueß i jetzt au?
A so, lache mueß i – *[lacht]*
I glaub i bi blau – bblau wie ein Veilchen! *[singt]*
Veilchen und Vergißmeinnicht,
alle Kinder setzen sich!
[plumpst aufs hintere Körperquartier]
Hopla! Wasch isch des? Do isch es jo glatt!
Do häts jo Glattiis – hä do bisch platt!
Usgrechnet im Summer, hä des git s doch nit!
[versucht aufzustehen, rutscht aber fort]
Tatsächlich! Tatsächlich! s hät Glattiis hüt!
Glattiis im Summer?
Des darf doch nit sii!
Für was hä mir schließlich e Demokratii?

[man sieht den Mond aufgehen – voll natürlich]
Ddu Mond, dört obe! He du, lueg nit so blöd!
Was chan i defür, aß es do Glattiis hät?
Wweisch was du bisch?
Nnüt bisch du! Nnüt!
Kkei Bäumli Baum –
Kkei Gräsli Gras –
Kkei Lüttli Lüt –
Nüt gits bi dir, nnüt!
Nnit emol e so e chlei Wirtschäfli gits bi dir!
mit emol e so ne chlei – so ne ganz chieinis Bier.
Nit emol e Tröpfli Zzwetsch – wetsch – wasser – wetsch.
Ddu wärsch froh, wenn e Tröpfli Zwetsch – wetschwasser hätsch!
Kkei Bäumli Baum,
Kkei Gräsli Gras,
Kkei Lüttli Lüt!
Nüt bbisch du, nnüt!
Ddu alte Vollmond! Hhäsch es jjetz ghört?
Worum hänksch du eigentlich all nume dört?
Muesch wege dem aber nit truurig si,
gell aber, wwo sottsch denn ssuscht au hi?
Des isch halt e so in de Demokratii.
s isch sowiso ddo uf de Welt kkei Platz!
[versucht wieder aufzustehen, was nach einiger Mühe gelingt]
Sso – jetz mueß i aber heim zue mim Schatz!
Ddie wird e Freud ha, wwenn i scho chumm!
[macht einen Wackelschritt vorwärts]
Vverdeckel, sit wän isch die Stroß denn so chrumm?
Mit dene Poli – poli – politiker isch nümi viil los,
mer baut doch miseel nit e so e sauchrummi Stroß!
Die schmeißt eim do nüt als her – hik – un hi!

I würd doch nit a me Erdbebe sii?
I mueß emol luege.
[bückt sich, will mit der Hand die Erde anfassen,
fällt vornüber]
He langsam! Langsam! Immer gmach mit de Brutt!
I glaub jetz isch au no mi Tsch-schobe kaput.
Do wird mi Frau schimpfe – die wird schimpfe – oh je!
[richtet sich mühsam auf]
Aber do hät si mi Mmuet no nit gseh!
I hau uf de Tisch! – hoppla – des mach i jawoll!
Do gits nüt zzum schimpfe! Verdorinomol!
I kkomandier schließlich all no bi uns do – vertohsch!
s würd Zit, aß du emol in di gohsch!
Jetz wwerde anderi Saite ufzoge,
ssuscht striich i der de Buckel mmit em Giigeboge!
des gschiht der ganz recht!
Jawoll! Des isch gsund!
[Ein Riesenteppichklopfer wächst langsam hinter den
Kulissen hervor]
Um s tausigs Gottswille!
Was sihn i?
S i c h u n n t ! ! !
[rückwärts schwankend und plötzlich auf allen
Vieren fortgaloppierend ab].

D Fahrprüefig

e Churzstückli vum Gerhard Jung. Teilwis in Mundart.
Persone: De Fahrprüefer un de Herr Schlofer.
Ort der Handlung: Im Prüefigszimmer.
So gohts los: in de Mitti stoht e Tisch, vornedra e Stuehl, links au e Stuehl, dört sitzt de Fahrprüefer druf. D Tür goht uf un de Schlofer-Mikker chunnt iine.

Prüfer: *[springt auf]* Ah guten Tag Herr??
Mikker: Schlofer!
Prüfer: Sie sind der letzte heute!
Na – und etwas älter, als die anderen Leute!
[schüttelt M. die Hand]
Wir wollen gleich mitten in die Sache gehen.
[drückt M. auf den Stuhl vor dem Tisch, holt seinen Stuhl und stellt ihn rechts daneben]
Sagen wir: Hier haben Sie Ihr Auto stehen –
Sie sitzen am Steuer – und ich nebendran –
Mikker: Moment emol – sin Si nüechter Mann?
Prüfer: Wie bitte? Ob ich was? Na hören Sie, so . . .
Mikker: Ein wo bsoffen isch, darf i nit mitfahre lo!
Prüfer: Ach so, ja natürlich! Sehr gut! Bitte sehr,
dann nehmen wir also an, daß ich nüchtern wär!
Nun fahren Sie los – winken der Frau noch n Gruß!
Mikker: Moment! Zerst stiig i emol nomol us!
[steht auf geht um den Tisch und die Stühle herum]
Prüfer: Was soll das? Was tuen Sie denn da?
Mikker: Hä i lueg – wil i schließlich d Verantwortig ha –
I mueß doch zerst säh, ob do an dem Tisch –
äh dem Auto – au Luft in de Reifen isch!
Prüfer: Ausgezeichnet, Herr Schlofer! Und nun fahren wir zwei!

Mikker: Moment! Si mit Ihrer Schißpressiererei.
Jetz tuen i als nöchstis d Handbremsi zieh
un lueg ob si tuet – mer weiß schließlich nie!

Prüfer: Na ja, Ihre Handlung hat Hand und hat Fuß.
Nun gehts aber los!

Mikker: Nai, jetz stiig i us!
[steht auf und schaut hinten]

Prüfer: Sie wollen mich doch wohl nicht vereiern am
End?

Mikker: Wie soll i suscht seh, obs Bremsliecht au brennt?

Prüfer: Ganz richtig, so – und nun fahren Sie!

Mikker: Zerst stell i de linki Blinker ii!
[Prüfer nickt]
Un deno stig i wider uus!

Prüfer: Ach du großer Gott!
[fällt im Stuhl zurück]

Mikker: Hä i mueß schließlich luege, ob de Blinker
au goht!
Un isch de link Blinker in Ordnig gsi,
no hock i wider ane un stell de rechti Blinker i
[sitzt wieder hin, steht dann wieder auf]
No gang i wieder go luege ob er rechts funktioniert.
[sitzt hin und steht wieder auf]
No wirds gliichi no mit de Liechter probiert.

Prüfer: Hören Sie auf, hören Sie auf, Sie sind verrückt!

Mikker: Des hän Si aber nit schön ausgedrückt!
Worum sin Si denn uf eimol so bissig?
I sag ene gern, s chunnt nämlig no mehr –
Un s stoht doch im § Einedrißig
vu de Zuelassigsordnig vum Stroßeverchehr:
Der Fahrer hat dafür zu sorgen, daß sich das Fahrzeug
in vorschriftsmäßigem Zustand befindet!

Un – luege Si, Herr Prüefer, wenn sich jede versündet
un chärelet mir nüt un dir nüt devo,
wo werde mir am End deno anecho?
Wer liichtsinnig isch, schufflet s eigeni Grab!

Prüfer: Ich glaub, ich geb meinen Führerschein ab!

Mikker: Ganz recht, we mer älter wird, sot mer sell tue!
I han s au so gmacht – sither han i mi Rueh.
I fahr mit mim Fahrredli, chaibefideel
un füehl mi viil besser am Liib un de Seel!

Prüfer: Wie bitte? Ich dachte, Sie wollen den Führerschein machen?

Mikker: Ah so? Jetz häts zunde! Do mueß i grad lache.
Wege dem mache Si mit mir do so ne Wese!
Un i ha numme wölle s Elektrisch ablese!

Vorhang

Worterklärungen

abe	hinunter
afange	neuerdings
allbot	immer wieder
allewiil	immer
amig	oft
ane	hin
Anke	Butter
äne	jenseits
as	als
aß	daß
Bäni	Bernhard
bample	schaukeln
barfiß	barfuß
batte	ausgeben, reichen
bigoppel	bei Gott
bigoscht	bei Gott
bisch	bist
Bizeli	Bißchen
Bluescht	Blüte
blut	nackt
bole	werfen
Brestli/Breste	Gebrechen
Brotis	Braten
bruttle	murren
bsunder	besonders
Buscheli	Wickelkind
Buseli	Kätzchen
butte	schaukeln
Butsch	Stoß
Ch	meist für k
Chaib	Kerl
chaibe . . .	sehr
Chächeli	kleine Schale
Chänsterli	Schränkchen
Chätterli	Kathrinchen
chiibig	giftig

Chilbi	Kirchweih
chittig	ungenießbar
chläppere	kleppern
Chlopfsägi	Klopfsäge [bei Frönd]
chlückerle	glucksen des Wassers
chlüsle	schleichen
Chluse	Schlucht
chnappe	nicken
chneue	knien
Chnüleli	Kneuel
Chnüli	Knie
Chnüppel	Knittel/Knoten
Chnuferi	ungeschickter Mensch
cho	kommen/gekommen
choschbar	kostbar
Chratte/Chrättli	Korb
Chriesi	Kirschen
chroble	krabbeln
chrose	mahlen [Geräusch]
chrottebreit	sehr breit
Chrott	Kröte/junges Mädchen
Chrüsli	Steinkrug
chuche	hauchen
Chüehli	Kuh
Chuttle	Kuttel
däne	drüben
dedur	hindurch
dene	jenen
deno	dann
der	dir
di	dich
dii	dein
Dölder	Wipfel
dottere	zittern
draiht	dreht
drülle	drehen
Dubel	Dummkopf
Dumpf	Einbuchtung
Dümpfeli	kl. Einbuchtung
düsele	heimlich gehen
dure	hindurch

eineweg	trotzdem
em	ihm
emol	einmal
ene	ihnen
ere	ihr
Fägge	Flügel
fern	neulich
fiire	feiern
Fiirobe	Feierabend
Füdle	Hinterteil
Fümfi	fünf Uhr
fürenand	füreinander
ge	geben
gehre	begehren
geitsche	schimpfen
gel	gelb
ghaue	umgeworfen
gheie	fallen
ginke	treten
glo	gelassen
Glust	Gelüste
goht	geht
gsait	gesagt
gschmeißt	geworfen
Gückel	Hahn
Gugelopf	Napfkuchen
Gugger	Kuckuck
gumpe	springen
Gumpi	Wasserloch
gunkle	lungern
gunnt	gegönnt
Guttere	Flasche
Guu	Geschmack [Gout]
hälige	heimlich
händle	streiten
Händsche	Handschuh
handumchehr	im Nu
Hämpfeli	Handvoll

Hember	Hemden
Heugumper	Heuschrecke
hintere	nach hinten
hüle	weinen
Hurst	Gebüsch
i	ich
ich	euch
im	1. dem, 2. im
ine	hinein
is	uns
jenussedenn	nun denn
Kamisol	Hose
kriege	bekommen
lebig	lebendig
Legi	Wasserwerk
leid	schlecht
Liich	Beerdigung
liisli/liislig	leise
liisle	leise werden
lo	lassen
lön	laßt
lose	hören
luege	schauen
lüte	leuten
Maläste	Beschwerden
mangle	fehlen/entbehren
mänk	manch
mer	1. man, 2. mir
mind	schlecht
miseel	meiner Seel
Moris	Angst/Respekt
müen	müssen
Mümpfeli	Mundvoll
müpfe	kritisieren
Mürsel	Schädel, Dickkopf
mule	maulen

nackig	nackt
nächt	gestern in der Nacht
neume	irgendwo
neumedure	irgendwie
niemer	niemand
niene	nirgends
nomitag	nachmittags
Nuehli	umtreibiger Bursche
nume	nur
nümmi	nicht mehr
Nüni	neun Uhr
Obe	Abend
obe	oben
öb	ob
öber	jemand
öbis	etwas
Ötliger Hohle	Weinsorte
Pape	Papa/Vater
parat	bereit
partu	unbedingt
Pfuddle	Bollen/Pferdeäpfel
pläre	weinen
prütsche	schlagen
Pumbis	Schläge
räs	würzig
Riibiise	keifende Frau [Reibeisen]
Rolli	Kater
rot	rate
Rugeli	Holzröllchen
Rumpfle	Falten
Rümpfeli	kleine Falten
Rüpfel	Lausbub
ruuch	rauh
saisch	sagst
Scheese	Chaise/Wagen
schlaht	schlägt
Schlattholz	Ortsteil von Schopfheim
schleipfe	schleppen

Schlüsseli	Schlüsselblumen
schlön	schlagen
schmuse	schöntun
schobbe	stopfen
Schmutz/Schmützli	Kuß
Schnuf/Schnufi	Atem
Schnure	Mund
schürke	schieben
seggle	rennen
Sechsi	sechs Uhr
Sechter	Sieb
selbander	zu zweien
selb [dritt . . .]	zu [dreien usw.]
sell/selli/selle	jenes/jene/jener
sin	1. seid, 2. sind
Soli	Gruß [Salut]
sonigi	solche
sot	sollte
Sparifanzeli	Sprüchemacher
Sperenzli	Dummheiten
Stadel	Ortsteil von Ehrsberg
Stege	Treppe [Holz]
Stige	Gewann von Haltingen
Stipper	leichter Rausch
subtil	langsam
Sürmel	dummer Mensch
sürpfle	gemächlich trinken/schlürfen
suscht	sonst
trait	getragen/trägt
trüehie	gedeihen
tschuppe	schütteln
tubetänzig	närrisch
übercho	bekommen
uf	auf
ume	herum
unterobsi	durcheinander
usiszue	hinaus
Verdori	Fluch

verheie	kaputtmachen
verchohle	betrügen/anlügen
versohle	schlagen
verwütscht	erwischt
verzelle	erzählen
Vierineh	Vesper
vornedra	davor
vüre	vor
Waagle	Wiege
wäger	wahrlich, in der Tat
währschaft	wertvoll
Wälder	Bewohner des Schwarzwaldes
wärsch	wärst
we	wenn
Weckli	Wecken
welleweg	auf jeden Fall
weng	wenig
Werchtig	Werktag
Wii/Wiili	Wein/Weinchen
Wili	Weile
wiibe	heiraten
wiif	lebhaft
Wiiser	Weiser
wiißele	weiß werden
wil	weil
wit	weit
witt	willst
wön/wölle	wollen
wot/wote	möchte/möchten
Wuehli	Unruh
wusle	sich regen, umhereilen
Zehni	zehn Uhr
zelle	zählen
Zinke	Nase
zitig	reif
zmits	in der Mitte
zsämme	zusammen
zure	ziehen

FRITZ HOCKENJOS

Wandern ein Leben lang

In diesem Buch schildert der Autor seine Fahrten und Wanderungen in den Vogesen, Provence, Dolomiten, Norwegen, Lappland, im Schwarzwald und am Bodensee. »Wandern ist Atemholen für den Alltag.«
208 Seiten mit 16 Originalfotos des Autors, Ganzleinen 19,80 DM

KURT KLEIN

Einer findet den Weg

Landeskundliche Erzählungen aus dem Schwarzwald.
Der letzte Abt von St. Peter · Das Meisterwerk Robert Gerwigs
Der Wasserraub bei der Heidburg u. a.
224 Seiten mit Illustrationen von Reinhold Bieber
Ganzleinen 16,80 DM

WILLI FEHSE

Der Sonnenjüngling

Eine spannende Erzählung aus der Zeit der Entdeckung Venezuelas durch die Spanier. 96 Seiten, Ganzleinen 12,80 DM

KURT SCHEID

Der verhängte Himmel

Ein geschichtlicher Roman in dem Dreieck Straßburg, in der Ortenau und Karlsruhe. Landschaft und Städte schaffen ein unverwechselbares Fluidum. 192 Seiten, Ganzleinen 16,80 DM

ALBRECHT WOLFINGER

Die Bewährungsprobe

Erzählungen. Der Autor, welcher früher in Freiburg gelebt hat und jetzt in Karlsruhe wohnhaft ist, erzählt in diesem Band spannende Alltagsgeschichten, Alltagskonflikte, lebensnah geschildert. Und das vor dem Hintergrund der Schwarzwaldlandschaft.
80 Seiten, Ganzleinen 9,80 DM

MORITZ SCHAUENBURG VERLAG
7630 LAHR/SCHWARZWALD